DES FINANCES,

D'APRÈS

LE SYSTÈME PRÉSENTÉ PAR SULLY

A HENRI-LE-GRAND,

ADAPTÉ

A LA SITUATION DE LA FRANCE EN 1818;

PAR M. LEROUX-DUCHATELET,

MEMBRE DE LA CHAMBRE DES DÉPUTÉS DE 1815.

A PARIS,

L. G. MICHAUD, IMPRIMEUR-LIBRAIRE,

RUE DES BONS-ENFANTS, N°. 34.

M. DCCC. XVII.

DES FINANCES,

D'après le système présenté par Sully à Henri-le-Grand, adapté à la situation de la France en 1818.

« Les finances ont presque toujours été la
» cause ou au moins le prétexte des révolu-
» tions ; il en est des gouvernements comme
» des individus, le désordre de leur fortune
» entraîne souvent le désordre de la famille. »

Depuis long-temps les finances sont l'unique soutien des États ; elles sont essentiellement la source du bonheur ou du malheur des gouvernements : c'est par leur situation prospère qu'on peut alimenter le commerce, exciter l'industrie, éveiller l'émulation, relever les arts, encourager l'agriculture, se défendre des invasions de l'ambition, de l'envie d'un voisin puissant, ou de la témérité des factieux.

La détresse du trésor public dessèche, au contraire, les sources les plus fécondes ; elle tarit les moyens de travail et de subsistance, anéantit l'industrie, fait abandonner les spéculations commerciales, faute d'encouragement et de protection, jette l'engourdissement dans tous les corps de la société, entraîne même la démoralisation des peuples; les moyens violents, employés pour obvier à la pénurie de l'État, corrompent les mœurs des administrateurs et des administrés ; ils donnent trop de puissance aux uns, excitent les abus de pouvoir, forcent les autres à dissimuler leur fortune pour se soustraire aux exactions; paralysent, par-là, le travail des hommes industrieux, disséminent la misère partout : de l'infortune à la mauvaise foi il n'y a qu'un pas malheureusement trop facile à franchir. Tout concourt à l'anéantissement même de la nation, travaillée par le dérangement de ses finances.

Cette partie devient donc, pour les peuples et pour les gouvernements, du plus grand intérêt. Quoi de plus utile que de diriger ses vues sur un objet qui touche de si près au bonheur de sa patrie! Partout où il existera un reste d'esprit national et de liberté, l'étude des finances doit occuper essentiellement les citoyens. Un ministre, vraiment attaché à ses devoirs, loin de repousser cette foule de discussions dont les presses françaises gémissent depuis deux ans, doit les encourager, les recevoir, les apprécier, en tirer des lumières, ne pas rougir de profiter des conseils qu'on lui

offre; il doit s'applaudir de voir le peuple prendre intérêt à ses veilles, à ses travaux, coopérer à sa gloire, en l'empêchant de commettre
des bévues, qui sont si funestes au prince et
aux sujets; bévues qu'on ne peut souvent réparer qu'à la faveur des siècles et par des se-
cousses toujours désastreuses.

J'ai lu et relu attentivement les budgets, les
discours qui les précédaient, les comptes qui
ont été rendus, les plans qui ont été présentés,
ils m'ont paru ne point atteindre le but qu'on
se proposait; j'ai parcouru une foule de bro-
chures sur ce sujet; beaucoup sont faites par
des agents du gouvernement, et ont l'air d'ouvrages de commande pour faire l'éloge des systèmes ministériels. Un de leurs auteurs, employé depuis long-temps dans les bureaux, en
voulant nous donner un système financier, n'a
fait que le roman historique de nos finances.
Ses déclamations contre les administrations,
qui ne sont pas fiscales, sont toutes erronnées;
il est facile de prouver la fausseté de ses incul-
pations et le ridicule absurde de ses arguments
contre le seul moyen de restaurer nos finances
et de réparer nos maux. J'ai cru, après tant
de projets, pouvoir encore émettre mon opinion.
Ces questions, au moins, n'ont pas l'inconvé-
nient de celles qui ne présentent que des théo-

ries brillantes sur les prétendus droits des peuples et des gouvernements, qui séduisent par
leur nouveauté, et nous conduisent souvent
dans l'erreur et le désordre.

Il faut améliorer les finances de la France
pour alléger le poids de nos charges. Comment
obtenir cette amélioration et cet allégement ?
Voilà le grand problême qu'on doit chercher à
résoudre, la grande question qu'il faut chercher
à décider !

L'expérience est le seul maître de l'économie
pratique; consultons-la; ne nous abandonnons
pas à la manie des systèmes, ne cherchons pas
à pallier nos maux, ne léguons pas à nos neveux
notre infortune, et peut-être une seconde source
de révolutions et de malheurs ; cherchons au
contraire à les réparer. Laisser enraciner les
abus, c'est vouloir se placer dans l'impossibilité de les détruire. Les grands mots, les fables
ingénieuses ne nous servent plus; le Français
est fatigué des belles promesses, des tableaux
mensongers qu'on lui présente depuis vingt-six
ans : abordons franchement la question ; mais
n'imitons pas ces hommes faibles, pusillanimes
qui, désespérant de leur guérison, abandonnent
les remèdes connus, éprouvés, pour avoir recours aux empyriques. Ces palliatifs, emprun-
tés du charlatanisme, creusent le mal, le ca-

chent, le rendent plus dangereux, et souvent même impossible à guérir. Rappelons-nous qu'en finances comme en toute autre chose, surtout chez les Français, la vérité, la bonne foi, la franchise, sont les seuls appuis qui peuvent nous préserver d'une ruine totale. Il faut, pour obtenir l'amélioration de nos finances, étudier, connaître nos ressources, en tirer parti conformément à nos productions, à nos mœurs, à notre industrie ; donner à nos lois une stabilité inébranlable, obtenir un crédit fondé sur l'irrévocabilité de nos institutions et de nos promesses. Mais, pour obtenir cette stabilité si nécessaire, qui produit le crédit et l'enchaîne, il faut que le système reçu soit calqué sur nos usages et nos lois, et sur la plus exacte et rigoureuse justice. Depuis long-temps nos lois financières n'ont eu de bases que l'injustice. On peut se rappeler ce mot si cruellement énoncé, qui plaçait l'hôtel des Monnaies sur le théâtre sanglant de la terreur ; les résultats, les suites n'en ont jamais été réparés. Tirons un voile sur ces injustices et ces spoliations, puisqu'une prétendue nécessité le commande ; mais, au moins effaçons, s'il est possible, par l'intégrité la plus inviolable, des souvenirs si malheureux. Sous le vain prétexte des besoins im-

périeux de la patrie, une injustice, une violation de la propriété a été naguère consacrée
dans le code financier : empressons-nous de la
détruire. Le monopole est une infraction aux
lois fondamentales de la propriété même, dont
nos départements les plus fidèles sont encore les
victimes. Jamais nous ne parviendrons à établir
un bon système financier sur des bases injustes
qui ne peuvent avoir aucune solidité, et sur la
transgression des lois naturelles et politiques;
nous hâtons, au contraire, la démoralisation,
anéantissons le crédit, mobile le plus puissant
des finances.

Cet agent, si nécessaire pour aider notre restauration financière, ne tient ni aux hommes
ni aux promesses; c'est la sûreté qui fait placer
son argent de telle ou telle manière, et non l'af-
fection ni la reconnaissance. Cette confiance,
cette sûreté naissent de l'économie, de l'ordre,
qui ne peuvent avoir lieu que par la justice, en
donnant aux intéressés même la certitude et
les moyens de parvenir à l'exercer plus sûrement.

« La simplicité, la réunion des manuten-
» tions sont les principes d'une bonne admi-
» nistration; la multiplication des bureaux,
» des commis, est une vexation pour les peu-

» ples. » *On s'accoutume*, dit Forbonnais, *à prendre pour l'intérêt de l'État ce qui n'est qu'un intérêt personnel.*

Ainsi, étude, connaissance de nos ressources, justice, stabilité de nos lois, confiance, économie, voilà la grande science des finances, la base du système qui peut seul concourir à la richesse et au bonheur des peuples !

La stabilité et l'ordre si difficile à obtenir en France, sont essentiellement nécessaires pour parvenir à un but réparateur. L'expérience a prouvé, par des effets qu'il est impossible de contester, une chose paradoxale au premier aperçu. Il appartenait à l'esprit réfléchi, solide de nos voisins, de démontrer, par le fait, qu'un peuple peut s'enrichir en empruntant. Je ne forme cette digression que pour prouver combien la stabilité peut donner d'heureux résultats aux choses même qui paraissent presque impossibles. Sans vouloir adopter en entier le même système, cet exemple viendra à l'appui de ce que j'avance sur la stabilité et l'ordre nécessaires pour faire valoir tel système que l'on adoptera. Toutes les puissances de l'Europe présentent depuis long-temps dans leur recette, un déficit énorme, et l'impossibilité presque morale de le combler sans écraser le peuple qu'on voudrait y contraindre. L'An-

gleterre, avec une dette effrayante et qui pa-
raissait devoir l'entraîner dans un abîme de
malheurs, a osé lutter seule contre le fantôme
colossal qui menaçait d'engloutir la masse
entière des nations européennes; elle a, malgré cette dette, fourni partout des subsides; et,
loin de ruiner ses peuples, la guerre leur a été
utile et les a enrichis. Quelle est donc cette
magie qui la fait surnager sur tous les trésors
des potentats, comme son île semble surnager
sur tout l'Océan, malgré les menaces de l'Europe entraînée contre elle, liguée pour sa des-
truction ?

La stabilité de son système financier, calqué
sur ses mœurs, amalgamé à cet esprit de commerce, de spéculation, qui anime, jusque dans
les plus petits recoins de son empire, cette
population, pour ainsi dire amphibie ; l'ordre,
l'économie même au milieu d'une prodigalité
apparente, le crédit qu'il a produit, ont enfanté
ce phénomène incroyable.

La guerre avait forcé ce gouvernement d'a-
voir recours aux emprunts. Le commerce pro-
curait à ses habitants des fonds que le peu d'é-
tendue territoriale du pays l'empêchait de placer et forçait de laisser oisifs; les terres ne pro-
duisaient qu'un intérêt presque nul , à cause
des taux énormes où elles étaient portées dans

les ventes ; sans la ressource de ces emprunts qui permettaient le placement avantageux par l'exactitude du paiement des intérêts, l'Anglais, au milieu de ses trésors, eût éprouvé les angoisses de la misère ; les impôts mêmes eussent tari par le défaut de consommateurs, et d'emplois d'un numéraire inutile, puisqu'il est un terme aux spéculations commerciales. Ces fonds, au contraire, utilisés par le gouvernement, ont créé une foule de fortunes en venant au secours de l'État ; ils ont augmenté le nombre de consommateurs et d'hommes soumis aux impôts ; la nécessité a forcé de continuer cette manière de pourvoir aux besoins pressants ; l'amortissement, présenté avec certitude, a inspiré de plus en plus la confiance, et donné au crédit l'essor nécessaire. La stabilité de ce moyen, maintenue par l'accomplissement exact des promesses, a provoqué l'émulation ; on s'est empressé de fournir des fonds, dont le produit était certain. Cette continuité a mis presque chaque individu , porté par ses goûts aux spéculations , dans l'intérêt de la chose publique ; actuellement, on craint plutôt la crise qu'occasionnerait le remboursement de cette dette , qui a produit tout-à-coup tant de fortunes particulières , que l'augmentation de la dette même : ainsi le bien vient quelquefois du mal même, et l'industrie, de l'infortune; ce système établi en tâtonnant, rejeté d'abord par le célèbre Pitt, aurait en effet renversé l'empire britannique, ou, au moins, l'aurait livré aux convulsions révolutionnaires d'une banqueroute, s'il avait éprouvé le moindre changement, si le mal apparent eût causé la moindre crainte ou surprise, la plus légère défiance. C'est à sa stabilité seule, à l'ordre de ses paiements, au concours de toutes les branches du pouvoir, à la sûreté, la garantie, la fidélité de la caisse d'amortissement, qui était placée à côté de l'emprunt, et laissait un moyen certain de l'éteindre à terme, qu'on doit sa réussite. Mais il faut remarquer que ce mode de pourvoir aux besoins de l'État, favorable à l'Angleterre, pays de commerce et de spéculation, n'est pas toujours propre et convenable à tous pays; qu'il faut, avant de vouloir donner une stabilité constante à un système, en poser les bases, d'une manière bien calculée, sur les mœurs et l'industrie des habitants, cherchant d'abord dans notre propre pays et dans nos annales un moyen de nous tirer d'embarras. Voyons si nous ne pouvons pas établir un système de finances qui nous soit plus spécialement applicable ; sondons notre sol natal pour en connaître le fonds; élaguons ce que les nouvelles théories, dont l'usage nous aura fait connaître les abus qui ne doivent leur origine qu'à l'esprit de parti ; remontons à nos siècles de bonheur, de prospérité et de calme ; voyons les temps heureux du bon Henri, les moments prospères de Louis-le-Grand ; défions-nous de tout ce qui a été fait dans des temps de trouble , d'anarchie ou de tyrannie ; les crises qui ont agité un pays sont souvent la cause et le principe de l'inconvenance des lois de circonstances , qui continuent de le régir et mettent obstacle à son bonheur. Ainsi c'est à l'anarchie , à l'oligarchie, au despotisme , que nous devons les lois existantes depuis vingt-six ans ; la constituante a tout jeté dans le régime anarchique ; les directeurs dans le régime oligarchique ; Buonaparte enfin a tout soumis au joug despotique et arbitraire ; je ne parle pas de la Convention, on ne peut traiter ses rêveries furibondes ni d'arrêtés, ni de lois (1).

----

(1) Et cependant plusieurs de ces lois délirantes sont encore en usage et en vigueur. Nous les avons vues servir à dépouiller de malheureuses communes , qu'un enthousiasme avait portées , au retour du Roi, à chasser de leur sein de vils délateurs , qui avaient eux-mêmes aidé au pillage, à l'exil des royalistes pendant l'interrègne.

Des communes qui paient 1500 fr. d'impôts ont été condamnées à 40,000 fr. de dommages, présumés causés à un

Presque tout ce qui a été fait sous ces régimes a pris plus ou moins la teinte de ces gouvernements. Nous devons donc nous défier du contenu de ces lois, et, sans vouloir tout détruire, les ramener au moins peu à peu aux principes de notre gouvernement actuel, c'est-à-dire à nos véritables mœurs; nos administrations, nos lois primaires doivent également leur origine à l'anarchie et au despotisme; elles sont basées sur les principes du dernier gouvernement; c'est ainsi que les employés ont été dotés pour être plus soumis à la volonté du despote, et moins favorables aux administrés. [Il fallait acheter la soumission aveugle de ces hommes, c'est là la source de ces dotations fastueuses.

D'ailleurs cette puissance éphémère devait naturellement exciter l'avidité, la cupidité de ses courtisans, et mettre leur fortune en propor-

---

étranger domicilié chez eux, n'ayant pas pour 5000 fr. de meubles.

Nous avons vu encore des jugements, fondés sur la loi de la conscription, condamner des pères à l'amende, à la prison, pour avoir tenu chez eux leurs fils déserteurs. Cette loi, bonne contre des étrangers ou parents éloignés du coupable, contrarie les lois de la nature, même lorsqu'elle étend son empire sur les père et mère de cet homme; elle démoralise le peuple, et doit être proscrite à jamais pour ce degré de parenté; et cependant les journaux ont été l'écho de pareils jugements.

tion avec le colosse ridicule. Il voulait être
maître de l'univers; tout ce qui l'approchait devait se ressentir de ce projet. Sa domination
tyrannique qu'il exerçait sur les peuples vaincus, fournissait à ses vœux, à ceux de ses flat-
teurs ; renfermés dans nos anciennes limites ,
nous ne pouvons , nous ne devons pas suivre les
mêmes erreurs.

Prenons un système plus approprié à notre
situation actuelle : pourquoi ne trouverions-
nous pas dans notre pays même des modèles
que nous pouvons imiter ? La conduite de l'austère, du vertueux, de l'immortel Sully , de l'in-
fatigable et industrieux Colbert , peut diriger
nos pas.

La réunion de ces deux génies serait aujour-
d'hui nécessaire pour mettre l'ordre , l'économie dans nos plans , aiguillonner l'agriculture,
stimuler , aider le commerce.

Colbert , ministre d'un prince grand dans
toutes ses entreprises , créa la splendeur de la
France , imprima même le nom de son Roi au
siècle qui le vit naître et régner.

Sully , l'ami sincère d'un monarque qui de-
vint l'idole, les délices et le père du peuple français , restaura l'agriculture , recréa la France
entière en quelque sorte , et laissa un souvenir
qui ne s'effacera jamais ; l'un produisit le luxe

et les richesses mobiliaires, l'autre fit naître l'aisance èt les richesses du sol ; tous deux peuvent nous servir de guides ; mais le second est bien préférable : c'est sur lui principalement que nous devons diriger nos regards ; la protection, la liberté suffisent pour alimenter, soutenir le système de Colbert ; il tient plus à la corruption qu'à la félicité des peuples ; il se propage toujours assez facilement ; il ne crée d'ailleurs que des richesses fugitives.

Le système de Sully tient aux mœurs, aux richesses réelles qu'on ne peut nous enlever ; demande plus d'encouragement et de véhicule, exige plus d'ordre , plus d'économie, et attache davantage à la patrie , au gouvernement de ses pères ; aime , recherche la tranquillité ; crée les vertus domestiques et se plaît dans la modestie. L'autre souvent n'existe que dans le changement, dans le caprice , produit plutôt l'intérêt personnel , l'égoïsme, que l'amour de son pays. Il s'alimente des désordres même des guerres favorables aux chances hasardeuses qu'il se plaît à courir. Ces deux systèmes veulent également l'ordre , l'économie même dans les profusions ; tous deux demandent des appuis stables, désintéressés , et par conséquent des administrations régulières et non fiscales, favorables à leur établissement;

notre position exige absolument les mêmes
soins , les mêmes travaux qui firent la renom-
mée de ce grand homme. Comme Sully , il faut
restaurer la France épuisée ; comme Colbert,
il faut recréer son commerce , lui faire prendre de nouvelles routes. L'identité de ces temps
passés avec celui où nous nous trouvons est
exacte.

Alors la France avait été long-temps en proie
aux invasions étrangères ; son sol était dessé-
ché par le malheur des guerres civiles ; il fallait malgré tout contenir encore les mécontents,
les solder ; les factieux occupaient les emplois ,
les avaient créés , dotés pour eux-mêmes ; des
dettes énormes pesaient sur le peuple ; le trésor
et les ressources étaient épuisés ; le pillage ré-
gnait partout : le génie de Sully dissipe ces
nuages , reproduit et revivifie tout ; la fermeté ,
la stabilité dans les plans , l'ordre , l'économie
dans le maniement des deniers , ont produit ce
miracle. L'Etat n'avait que 23 millions de revenus ; les charges montaient à 16 millions ; il
ne restait donc au trésor que 7 millions au plus ;
la dette presque entièrement exigible était de
296,062,252 fr.

La France était dépourvue d'artillerie ; ses
places-fortes étaient en ruine ; on soutenait
encore la guerre contre les Espagnols ; Amiens

venait d'être surpris. Au regard du ministre
régénérateur tout reprend un nouvel être,
tout se répare : la paix, l'abondance, la tranquillité, le bonheur renaissent ; les factions
sont comprimées, les dettes sont absorbées ; 60
millions d'épargne laissent au prince la liberté
de former de grandes entreprises, ou au moins
de faire respecter son autorité à ses ennemis.
Heureux si la trop grande bonté du monarque
n'eût empêché de leur ôter tout moyen de nuire,
Sully eût pu consolider son ouvrage, et la France
n'aurait pas à rougir d'un crime qui l'a privée
trop tôt du meilleur de ses rois, et, par suite,
du plus sage, du plus vertueux, du plus fidèle
des ministres qui l'aient administrée.

Ainsi, sous ce point de vue, notre situation
actuelle est bien plus avantageuse ; nos revenus
portent près de 700 millions ; nos charges sur-
passent en apparence trois milliards ; mais la
proportion nous est bien plus favorable. Ajoutez à cela la ressource des emprunts de la caisse
d'amortissement, qu'on ne connaissait pas
alors, ou dont on ne pouvait plus user ; étudions
donc les moyens qu'il a employés pour parvenir
à son but ; essayons de suivre sa marche et d'en
obtenir les mêmes résultats.

Je vais les chercher dans sa propre lettre
écrite au roi en 1593, moment de son entrée au

ministère, prendre la base de son système, et essayer de l'adapter à notre position actuelle. Il est humiliant d'être obligé de rappeler aux Français ce qu'ils auraient dû constamment avoir sous les yeux, et qui devait être le fanal pour les diriger vers le port.

Je transcris les propres mots de l'immortel Sully ; je suivrai de point en point ses propositions et ses plans ; mon résumé donnera le résultat de cet examen. Ses propositions sur les finances étaient :

« 1°. De faire une perquisition bien exacte
» de toutes les facultés et revenus du royaume,
» de quelque nature qu'ils puissent être, avec
» un éclaircissement bien particulier des causes,
» origines et perceptions d'iceux ; des aménage-
» ments et améliorations qui se pourraient faire
» les uns et les autres.

» 2°. Un état circonstancié de toutes les dettes
» auxquelles la France peut être obligée, soit
» à cause des engagements, soit par d'autres
» motifs ; en approfondir la connaissance jus-
» qu'à la cause, source, origine de chacune
» d'icelle, regarder aux moyens de les régler,
» diminuer peu à peu.

» 3°. Un registre bien certain de tous les of-
» ficiers, tant commensaux et militaires, que
» de judicature, police, écritoires et finances,

2..

» avec une spécification de ceux qui sont abso-
» lument nécessaires, et de ceux dont on se
» pourrait bien passer, afin de les diminuer,
» ensemble leurs gages, droits et attributions.

» La connaissance des revenus de l'État
» (ajoute Forbonnais) et de leur perception
» font distinguer ceux dont la ressource est
» la plus étendue, la plus prompte et la plus
» assurée; ceux que le peuple paye le plus
» également; ceux qui sont à charge ou utiles à
» l'Etat; ceux enfin dont la perception nuit aux
» autres; par-là on parvient à s'assurer la dé-
» pense des régies; cette certitude est la source,
» soit des augmentations des revenus, soit du
» soulagement des sujets, sans recourir à de
» nouveaux impôts; enfin la recherche sur la
» population, sur la proportion entre le nom-
» bre des habitants des villes et des campagnes,
» sur celle des hommes qui s'appliquent aux
» diverses professions; enfin sur l'aisance de
» chacune de ces classes.

» L'état circonstancié des dettes nationales,
» à raison des aliénations de domaines, des créa-
» tions de rentes, attributions de gages, dons,
» mandements, est d'un examen indispensable
» après de grandes profusions, ou après de
» grandes nécessités.

» Le dénombrement de tous les officiers

» royaux, tant commensaux que militaires et
» civils, n'est pas moins intéressant au soula-
» gement des finances qu'à la police d'un Etat;
» les offices multipliés ont introduit deux grands
» vices dans le corps politique, la diminution
» dans le nombre des travailleurs, l'espèce de
» honte répandue sur le travail.

» L'indépendance, qui conduit à la négli-
» gence dans l'inexactitude de ses devoirs !

» Un coupable qui tient à un corps n'est ja-
» mais dépossédé. »

Ces observations, que Forbonnais met à la
suite des propositions de Sully , paraissent être
dictées par un observateur qui serait notre
contemporain : j'ai cru devoir les transcrire ;
je vais suivre le même ordre que lui. J'exa-
minerai d'abord les impositions qui existent ;
l'état des dettes formera la seconde partie ; les
réformes utiles, nécessaires, deviendront ensuite l'objet de mes recherches.

Après ces discussions, je me permettrai
d'émettre mon opinion sur les moyens de remédier à tant de malheurs et de profusions.
Ministres d'un Roi si long-temps desiré , je
respecterai constamment en vous les hommes
qu'il a daigné honorer de sa confiance ; mais
je combattrai avec énergie, avec franchise,
vos systèmes , quand je les croirai contraires

à sa gloire, à son repos, à son bonheur, à celui de son peuple, qui est identifié avec le sien ; je combattrai vos amalgames, vos ménagements, vos profusions dans les emplois, parce que je les crois opposés à ses intérêts ; faites-le bien sans crainte : vous en avez le pouvoir ; défendez-vous de l'esprit de parti, de clientèle, qui semble laisser planer encore le génie du mal sur notre malheureuse patrie ; il jette la défiance partout, fait craindre de nouvelles crises, nuit au crédit ; j'aurai le courage de dire la vérité tout entière : ayez la force de l'entendre.

CHAPITRE Ier.

DES REVENUS DE L'ÉTAT.

Des impositions directes.

L'IMPÔT est une portion que chacun donne de son bien pour jouir paisiblement de l'autre ; plus la jouissance est en danger, plus il faut y suppléer par le désintéressement, par le sacrifice d'une plus grande partie de ce que l'on possède.

Quoique l'impôt devienne par-là nécessaire, le mode de sa perception doit au moins se concilier avec cette tranquillité publique et individuelle, pour le maintien de laquelle il est établi. Il doit donc être assis de la manière la plus égale, la plus juste et la moins onéreuse ; il doit, le moins possible, froisser les habitudes, les opinions, les usages du peuple qui le paye.

Sous ce point de vue, l'impôt foncier a constamment été en France le plus facile à percevoir, le plus aisé à répartir. La France, essentiellement agricole, est habituée depuis long-temps à sacrifier une partie du produit de ses récoltes pour le maintien de l'ordre, la sûreté publique et la conservation de ses propriétés ; mais ce moyen de pourvoir à la tranquillité des peuples peut offrir différentes modifications, selon la valeur des terres dont il exige une portion du produit.

Il faut, en l'établissant, prendre garde de le porter à un taux trop élevé, qui decourage le cultivateur en le privant de la majeure partie de ses travaux, et ruine le propriétaire en lui enlevant ses revenus; dans notre France, si riche par son sol, l'agriculture sera toujours un principe fécond de prospérité ; elle mérite tous les encouragements possibles de la part du gouvernement; rien ne nuit à ses progrès comme l'instabilité des lois ; il faut donc régler définitivement, invariablement, la portion contributoire qu'on peut exiger de ses productions ; sans cette stabilité irrévocable, le cultivateur n'ose passer la moindre transaction avec le propriétaire, qui le charge ordinairement du paiement des impôts ; il ignore qu'elle sera sa destinée ; il appréhende d'améliorer son champ, d'y faire les dépenses nécessaires dans la crainte d'éveiller le fisc, d'exciter sa cupidité, et de se voir ravir la récompense de son industrie, de ses sueurs, de ses

travaux, à mesure que son courage le fait pros-
pérer et aide à la réussite de ses projets. Il
faut, pour ne point tarir ces mamelles de la
France, établir un système d'une fixité inviolable sur l'impôt que l'agriculture doit supporter. Examinons avant quelle sera la quotité
à laquelle peut être porté ce tribut.

L'imposition foncière, élevée au cinquième
du revenu, paraît ne devoir provoquer aucune
réclamation, si nous considérons qu'avant la
révolution les terres étaient soumises à la
dîme et à une foule de droits seigneuriaux;
qu'en outre, elles supportaient encore un impôt assez fort au profit de l'Etat. Si nous éva-
luons le prix de ces taxes, elles devaient évi-
demment surpasser de beaucoup le cinquième
exigé par la loi actuelle. D'où viennent donc
ces plaintes sur ces prétendues surcharges?
Voyons si elles sont fondées.

En 1789, malgré les redevances particulières, les impôts directs étaient néanmoins
portés à 180 millions, et le quart des terres et
des personnes au moins était exempt; il fallait
que le reste supportât la charge. Depuis l'établissement de l'impôt, tel qu'il existe aujourd'hui,
il n'y a nulle exemption, sauf les forêts dites nationales; mais les terres circonvoisines payent
pour elles : injustice révoltante dont nous par-

lerons plus tard. Les autres droits n'existent plus ; la dîme seule, dans les années où le grain était aussi cher, aurait bien outrepassé l'impôt actuel. 52 Millions d'hectares composent la superficie de la France ; son revenu territorial est estimé depuis long-temps 1500 millions ; le cinquième doit porter 300 millions. Depuis le moment de cette évaluation, la location des biens a augmenté ; l'impôt porté à cette somme ne doit donc grever en rien l'agriculture ; cependant il est loin d'être à ce taux, puisqu'on ne le compte au budget que pour 171,930,017f., et qu'en y joignant les cinquante centimes qu'on y a ajoutés, qui font 85,965,008 fr., l'impôt au total ne donne encore que 257,895,025 fr. ; mais nous devons y joindre l'impôt des portes et fenêtres, puisqu'il est supporté également par les propriétaires ; que le cultivateur n'en est pas plus exempt que le citadin, et que par la manière dont il est perçu, il semble confondu avec l'impôt territorial ; il en est de même de l'impôt personnel et mobiliaire, le mode de sa perception, de son assiette, vient également aggraver les charges de l'agriculteur, et lui fait croire que ce sont encore ses terres qui sont imposées.

L'impôt des portes et fenêtres donne en principal douze millions huit cent soixante-quatorze mille deux cent trente francs, ci. 12,874,230 f.

Dix centimes additionels permanents ajoutent.encore un million deux cent quatre-vingt-sept
mille quatre cent vingt - trois
francs , ci..................... 1,287,423 f.

Cinquante centimes additionnels temporaires donnent onze
millions cinq cent quatre-vingt-
six mille huit cent sept francs, ci. 11,586,807 f.

Total vingt-cinq millions sept
cent quarante-huit mille quatre
cent soixante francs , ci...... 25,748,460 f.

L'impôt personnel mobiliaire
est, en principal, de vingt sept
millions deux cent quarante-
quatre mille six cent vingt fr.,
ci. . . . . 27,244,620 f.

Cinquante centimes perma-
nents ajoutent une somme de
treize millions six cent vingt-
deux mille trois cent dix fr., ci. 13,622,310 f.

Cinquante centimes tempo-
raires donnent encore la même
somme, ci. . . . . 13,622,310 f.

Total de cette imposition. Cin-
quante-quatre millions quatre
cent quatre vingt-neuf mille
deux cent quarante fr., ci. . . . 54,489,240 f.

La totalité de ces trois impositions monte à 338,132,725 francs. Si l'on compare actuellement les droits féodaux anciens, supportés par les terres, les impôts directs montent à 187 millions ; le nombre des personnes et des terres exemptes alors, et soumises aujourd'hui aux droits; le taux élevé des denrées, qui a fait augmenter le prix des baux, en accroissant également le bénéfice du fermier, on ne peut attribuer les plaintes si répétées sur ces impositions, qu'à des causes étrangères à la quotité demandée ; ces causes ne peuvent prendre leur source que dans la mauvaise répartition de ces impôts. En effet, autant la somme imposée sur les fonds paraît supportable, surtout en la dégageant de l'impôt mobiliaire et personnel, qui est en quelque sorte un impôt somptuaire, ce qui le réduit à 283,643,585 francs (en y comprenant même les centimes temporaires qui doivent disparaître à mesure que nos besoins diminueront) (1), autant, dis je, cette somme paraît modérée, proportionnellement à notre richesse foncière, autant la répartition en est injuste et arbitraire.

Je ne remonterai pas à l'origine de ces injustices. En lisant l'histoire de la révolution, il

---

(1) Je joins l'impôt sur les portes et fenêtres, parce que le revenu des maisons qu'il diminue est un vrai revenu territorial.

3era facile de la deviner; je me contenterai d'en chercher le remède.

Sully, pour parvenir au même but, parcourut deux fois la plus grande partie de nos provinces. Né en France, possédant de vastes propriétés dont il connaissait par lui-même le produit et la valeur, il voulut s'assurer encore davantage des productions des pays qu'il connaissait le moins.

Nous ne pouvons aujourd'hui employer le même moyen. Nos ministres ne recevraient dans leurs voyages que peu de lumières; on les tromperait. Il faut l'expérience faite par soi-même et de longue main pour découvrir la vérité. Nous voyons que, même alors, on chercha partout à tromper cet homme immortel; qu'il ne dut qu'à ses connaissances personnelles les éclaircissements qu'il desirait. Nous n'avons aujourd'hui d'autres ressources, pour connaître bien nos départements, que le cadastre et les administrations locales désintéressées; le cadastre, pour la répartition entre les départements; les administrations locales, pour la répartition entre les communes et les individus : nous trouverons ainsi les connaissances nécessaires pour fixer la quotité de l'impôt : « Laissons accoin-
» ter les hommes, dit Montaigne, ils s'arran-
» geront plus facilement et plus justement. »

Pour obtenir du cadastre un résultat heureux, il faut que sa confection soit prompte.
Je parlerai, à l'article qui le concerne, des
moyens de le terminer plus tôt.

Quant aux administrations locales, jamais
elles n'atteindront le but qu'on doit se proposer,
en les resserrant dans les limites données aux
conseils de département, aux conseils muni-
cipaux, tant sur le nombre des administrateurs
que sur la durée de leurs fonctions et l'étendue
de leur pouvoir. Pour les rendre utiles, il faut
qu'elles administrent et qu'elles ne soient pas de
vains simulacres, comme le voulait leur ma-
chiavéliste fondateur. Tout ce qu'il a créé,
depuis la prétendue représentation muette des
chambres, du sénat, jusqu'aux humbles mu-
nicipalités de nos hameaux, se ressent de
son despotisme, qui s'attribuait tous les pouvoirs. Les préfets administreront toujours mal,
parce qu'ils administreront toujours nécessairement en despotes, ignorant jusqu'aux moindres convenances favorables à leurs administrés. Je ne m'étendrai pas sur la nécessité d'é-
tablir des administrations secondaires agissan-
tes, et non factices. j'en ai fait sentir les avantages dans une brochure imprimée l'année dernière. Je me contenterai de répondre aux objections faites contre ces établissements, dans

un gros in-4°. , ouvrage qui paraît de commande, et qui contient plus de calculs inutiles
que d'observations intéressantes.

Intérêt particulier de province, qui nuit au
bien général.

Lenteur dans les réponses aux ministres et
dans les opérations.

Discussions particulières entre les administrateurs.

Différence d'opinions qui nuit aux renseignements, dont l'uniformité est nécessaire lorsqu'un administré est absent.

Tels sont les reproches graves que l'on op-
pose à ces établissements.

La première objection contre ces administrations devient, au contraire, leur apologie.
Ces intérêts prétendus de province prouvent
qu'un esprit national animait leurs administrateurs; que l'égoïsme n'avait pas encore absorbé
toutes leurs facultés; que le bien-être de leurs
concitoyens les touchait encore, et qu'ils pre-
naient intérêt à la chose publique qui leur était
confiée. Administrateurs d'un département, ils
ne devaient voir que leurs administrés. Il n'est
pas donné à tout le monde d'avoir cette étendue
de génie ministériel, cette vue perçante qui
embrasse l'ensemble du royaume. D'ailleurs il
était facile alors, et bien plus facile aujour-

d'hui, de ramener tout vers la grande commu-
nauté: un mot du conseil-d'état décidait ces
petites querelles, alimentées par l'unique desir
de faire le bien de son pays. Nous en avons vu
des exemples dans la Flandre et l'Artois; ces discussions n'étaient point dangereuses, et se ter-
minaient toujours facilement. Cependant, alors,
les priviléges des provinces, les capitulations,
les usages, les mœurs, tout semblait aider à
ces querelles.

Aujourd'hui, tous ces prétendus priviléges
sont anéantis, oubliés ; une représentation gé-
nerale a seule droit de faire des lois ; elle peut
aisément porter remède à tout, par l'uniformité
à laquelle elle soumet la France entière. L'esprit particulier des provinces est perdu depuis
long-temps; c'est d'ailleurs à la fermeté du gouvernement à maintenir cet ordre ; les préfets,
réduits à leurs fonctions, doivent à cet égard
exercer la surveillance la plus active. Ainsi,
loin de nuire au bien général, ces administrations concourent à le faire naître, et l'augmentent par leur activité, leurs connaissances locales et l'amour de la patrie qu'elles excitent.

La lenteur, reprochée à ce mode d'administration, vient également prouver en leur faveur.
Sans doute, lorsque l'on voudra administrer
comme en Orient, un seul individu, revêtu

d'un pouvoir sans bornes, répondra à toutes les demandes selon son caprice, et pourra dire aussi : *Si la chose est possible , elle est faite ; si elle est impossible , elle se fera.* Mais, puisqu'il est si facile d'administrer de cette manière, pourquoi ne pas user également du même mode pour rendre la justice ? Pourquoi tant de dépense, de lenteur, pour former les jugemens? Il serait bien plus expéditif de donner à un juge ambulant, bien payé, le droit de juger de suite, et d'administrer le greffe, moyennant une somme assez forte pour le mettre à l'abri d'autres tentations.

Oui, sans doute, l'autorité de la raison, de la bienfaisance, est plus lente, mais elle est aussi plus étendue, plus juste que celle du pouvoir et de l'arbitraire. D'ailleurs, dans le moment de la formation de ces administrations, tant avant la révolution que depuis, tout était nouveau pour les administrateurs; celles créées peu de temps avant la révolution, annonçaient une réforme bureaucratique, et déjà tous les agens , les employés étaient essentiellement leurs ennemis; ils les entravaient de toutes manières, leur refusaient toute espèce de renseignemens, les accablaient de demandes inutiles comme ils faisaient encore naguère. Depuis la révolution, les administrations départementales avaient les mêmes obstacles à surmonter ; les mêmes vices qui prédominaient alors dans toutes les lois, existaient également pour elles : le niveau démocratique, l'esprit d'apathie et d'intrigue, en avaient éloigné les propriétaires modestes, les hommes sages et instruits ; il fallait arborer l'étendard de l'insurrection pour avoir entrée dans ces clubs livrés à la fureur démagogique ; et cependant nos établissements leur doivent aujourd'hui leur principe ; et cependant l'assiette des impôts, leur mise en recouvrement, malgré les entraves infinies qu'ils présentaient, sont dues à leurs soins, à leur activité. Ils étaient lents à répondre ; mais la cupidité dévorante du fisc de ce temps était si impatiente, qu'on écrivait vingt lettres à-la-fois pour la mise en vente, la recherche des biens nationaux ; il fallait saisir, confisquer, estimer, vendre en même temps. On ne savait à qui répondre ; tout se croisait, se heurtait, et néanmoins tout allait encore trop vite pour le bonheur de la France. Aujourd'hui, où la prépondérance des propriétés a repris son autorité, son rang ; où les hommes instruits se font un honneur d'administrer ; où les préfets peuvent activer ces administrations, les surveiller ; où l'anarchie enfin n'étend plus ses fureurs, son délire sur tout ce qui existe ; où l'unité du gouvernement, de la représentation, réunit tout sous les mêmes lois; aujourd'hui, enfin, ces administrations ne peuvent qu'être utiles, nécessaires même pour la restauration de la France et le bonheur des Français.

Quant à la dernière objection, elle est si futile, si fausse, que je me dispenserai de la réfuter; elle prouve seulement ce que j'ai avancé, que les agents du ministère se plaisaient à entraver les opérations, en demandant vingt fois la même chose, sans se donner la peine de rechercher, dans leurs bureaux, les réponses déjà envoyées; que, d'ailleurs, les copies de lettres se conservant dans les archives, il était impossible aux membres de se tromper à cet égard, à moins que leurs commis se soient plus également à leur cacher ce qui avait été fait et répondu.

D'ailleurs le bien que l'auteur est forcé de convenir qu'elles ont fait, répond mieux que je ne puis faire à toutes les objections. Qu'on examine sans préjugé si l'administration, centralisée dans les bureaux du ministre, a pu, dans le laps de plusieurs siècles, avec cet esprit vaste qui embrasse la France entière, avec cette promptitude si vantée dans les opérations, esquisser seulement le bonheur, la prospérité dont ont joui les provinces où ces établissements ont eu lieu si peu d'années ; réparer tant d'injustices, exécuter tant de projets , qui souvent restent dans les cartons sans être examinés, ou ne servent qu'à enrichir d'avides entrepreneurs , qui ne font même que les ébaucher ; ainsi la première chose nécessaire pour obtenir un système juste et invariable dans les finances , est l'établissement des administrations locales ; la confection prompte du cadastre en est en quelque sorte la conséquence. Ces administrations peuvent seules y apporter les lumières et le désintéressement essentiels à cette opération ; elles peuvent seules donner une répartition équitable qui allége le poids des impositions.

La seconde opération nécessaire pour établir cette fixité si favorable à l'agriculture, est de déterminer irrévocablement la quotité de l'impôt foncier, de la détacher totalement des centimes additionnels et de non-valeurs qui laissent apercevoir le dessein caché d'en augmenter, par cette petite ruse, le montant ; ainsi il faut réunir, sous un seul et même titre, tant le principal que les centimes accessoires , déclarer franchement que l'imposition foncière est invariablement fixée à la somme de 250 millions, ou moins, si on le croit convenable ; en attendant, il faut déterminer la quotité qu'on ne pourra jamais outrepasser.

La loi actuelle ayant réglé que toute charge qui outrepasserait le cinquième du revenu, serait réduite à ce taux, on doit faire droit aux demandes des administrés à cet égard; jusqu'aujourd'hui, les seuls agents du fisc ont obtenu ce dégrevement pour eux et les domaines qu'ils administrent, et n'ont accordé aucun dégrevement aux autres.

Il y a plus, presque tout est illusion parmi les hommes; il faut leur laisser celles qui, ne nuisant à personne, conduisent au contraire à la tranquillité et au bonheur; il importe à un administrateur sage de bien choisir la route qui mène le plus doucement au but qu'il veut atteindre, quoiqu'au fait c'est la possession des fonds territoriaux qui dirige l'assiette de l'impôt des portes et fenêtres, et de l'impôt mobilier (puisqu'il faut un fond avant d'avoir une maison); il est essentiel de le séparer absolument de l'impôt foncier; l'agriculteur doit sentir que ces impôts sont supportés par les fonds nécessaires à sa culture, puisque c'est sa ferme qui forme sa cote d'habitation, qui donne lieu à ces impositions; néanmoins il sera plus confiant, plus tranquille, lorsqu'il verra que les champs qu'il arrose de ses sueurs ne sont soumis qu'à une quotité qui ne peut varier; que le fruit de ses travaux n'excite plus les regards envieux du fisc ; il faut donc que le bordereau de ses impositions foncières soit absolument distinct de celui des autres impositions ; qu'il lui soit présenté sur une feuille séparée : les deux autres peuvent être réunis et confondus indifféremment.

De l'impôt mobilier et des portes et fenêtres.

Je me permettrai de légères réflexions sur l'impôt mobilier et des portes et fenêtres : le premier a des bases trop indéterminées; elles varient presque dans chaque commune rurale ; tantôt on prend, pour en régler l'assiette , la cote d'habitation pure et simple; on rejette tous les accessoires, tels que les granges, étables, écuries , magasins; tantôt, au contraire, on compte jusqu'au nombre des chevaux , des vaches, des moutons pour en déterminer la redevance : on veut par-là réparer une injustice apparente. En effet , on voit fréquemment un riche cultivateur être fort mal logé , et présenter une habitation dont l'aspect indique presque l'indigence , tandis que sa fortune surpasse celle de tous les habitants réunis ; un simple particulier offre, au contraire, une maison plus agréable, plus commode, plus riche même par la location que ce riche cultivateur , quoique toute sa fortune consiste souvent en sa seule maison ; cette variation dans les principes qui doivent constituer l'impôt, laisse aux répartiteurs des moyens d'injustice et d'arbitraire révoltants qu'il faut empêcher, en fixant invariablement les bases, et définissant ce qu'on entend par cote d'habitation , et remettre les instructions entre les mains des commissaires répartiteurs, les forcer de s'y soumettre.

L'impôt sur les portes et fenêtres, qui, en quelque sorte, est un impôt somptuaire, porte en lui-même une injustice énorme. La lucarne de la chaumière de l'indigent est taxée au même prix que la croisée à verre de Bohème de nos palais ; on fait acheter aux malheureux l'air qu'il peut à peine respirer sous son humble toit, construit seulement pour l'abriter des intempéries des saisons ; tandis que l'orgueilleuse demeure du riche, qui lui procure toutes les jouissances de la mollesse, n'offre à l'Etat que le même prix que celle du pauvre, qui trouve à peine une botte de paille pour se reposer.

La justice, l'humanité exigent au moins qu'on exempte de cet impôt celui qui, d'ailleurs, n'est porté sur aucun rôle pour une somme de dix francs, et qui ne présente aucune apparence d'autres ressources ; cette exemption serait supportée par les plus aisés de la commune.

L'augmentation des centimes accessoires temporaires de cette imposition est supportée également par le pauvre : c'est une injustice, au moins pour les campagnes, bien plus criante que le doublement des patentes qui a excité tant et de si justes réclamations.

C'est sur la cote mobiliaire, seule ou personnelle, qu'il fallait rejeter cette augmentation d'impôt.

Tous ces impôts doivent être perçus comme ils l'étaient naguères par un receveur au choix de la commune, et rééligible tous les six ans: forcé d'être probe pour être réélu, il allégera par-là le poids de l'impôt.

Le revenu de l'Etat ne se compose pas seulement des impositions; il existe encore des biens qui lui appartiennent, et qui méritent toute sa surveillance.

Les forêts offrent une ressource intéressante par leur produit et leur utilité.

La Chambre de 1815 avait pensé, avec infiniment de sagesse, que ces biens ne pouvaient jamais être aliénés; qu'ils doivent être rattachés à des institutions incommutables, qui avaient le temps de les voir vieillir sans chercher une jouissance prématurée ; deux motifs bien puissants les portaient à ces vues ; la restitution de ces domaines retrempait l'esprit des Français de ces idées de propriétés si nécessaires au maintien de l'ordre social et de la prospérité ; bannissait de leur ame cette cupidité insatiable qui leur a fait méconnaître les principes invariables de la justice, et les a portés à tant d'excès ; consolidait pour toujours l'article de la Charte, qui anéantit à jamais la confiscation, même lorsqu'elle n'est qu'une indemnité ; conservait pour la France ces bois si précieux, qu'il n'est pas au pouvoir des hommes de recréer, et que des siècles peuvent à peine réparer ; formait des abris si nécessaires pour éviter les intempéries funestes des saisons : aucuns motifs de convenance politique ne peuvent lutter contre ces principes immuables de la saine raison, et de laquelle il appartient à une Chambre, qui réunissait les lumières, la prudence, la sagacité, l'amour du Roi et de la patrie, à des possessions territoriales qui leur permettaient d'en apprécier la valeur, de défendre et de rétablir ces principes ; on me pardonnera cette digression, on l'a tant calomniée, tant persécutée, cette Chambre, qu'il me semble permis de saisir cette occasion de rendre justice à ses vues de sagesse et de justice.

L'intérêt même du trésor ajoutait à ces motifs; ces biens, donnés en dotations, reprenaient
entre les mains de ces corporations plus de
valeur; en supposant que le revenu actuel se
porte à quatre millions, l'entretien, la surveillance particulière, l'administration toujours
plus active lorsqu'elle est en quelque sorte
individuelle, l'eussent porté facilement au double, c'est-à-dire à 8 millions, sans comprendre
les frais de gardes d'aménagement, toujours
mal fait, qu'ils occasionnent de plus ; ces biens
eussent été soumis à l'impôt; on eut pu même
l'augmenter d'un tiers, pour équivaloir aux
mutations qui ne pouvaient avoir lieu, et repré-
senter des droits de ventes ou de mutations
qui arrivent entre particuliers ; par-là, l'injustice révoltante qui fait supporter aux autres
propriétaires la part contributive dont ces biens
sont exempts entre les mains du fisc, eût été
réparée ; l'Etat gagnait donc en moral et en
valeur. Espérons qu'on reconnaîtra un jour
l'avantage de ce projet, et que, sans égard aux
intérêts individuels, aux spéculations des
hommes insatiables, le gouvernement, sous
cette égide, laissera à nos neveux les preuves de
sa prudence, de sa sagesse et de sa justice ;
dans cette supposition, c'est une économie de
cinq millions au moins qui vient à la dé-

charge des Français, quatre millions d'amélioration dans le revenu de ces biens, un million et plus même d'impositions à recouvrer, puisqu'alors ces fonds, produisant huit millions, doivent donner au moins un million à l'impôt foncier, estimé au cinquième du revenu.

Des patentes.

Cet impôt, commercial en quelque sorte, est le moins productif et le plus injustement réparti, c'est encore le moins fortuné, le moins heureux qui supporte la plus forte charge, proportionnellement à l'objet qui le produit ; si nous voulons avoir un bon système de finances, cherchons dans la justice les bases immuables sur lesquelles nous voulons l'asseoir : c'est de la justice que jaillira le crédit, compagnon inséparable des finances; sans équité point de confiance, point de stabilité, point de crédit ; on ne saurait trop répéter ces vérités éternelles. En fait de commerce, nous n'avons aucun guide certain pour nous diriger, nous l'éloignons même en le cherchant trop scrupuleusement ; il doit être et doit rester enveloppé du mystère, et n'avoir de garants que la liberté et la protection des lois ; les recherches gênent et jettent la défiance, paralysent les spéculations. *Laissez-le faire, laissez-le agir,* voilà l'axiome incontestable et protecteur du commerce et de l'industrie; c'est ici, qu'excep-té les lois protectrices, tout devient obstacle et nuit essentiellement même à la chose. Re-venons donc aux principes d'une liberté sage à cet égard......... Point de théorie, point de système.

L'expérience, les conseils des personnes qui doivent concourir au paiement de l'impôt, voilà où se trouve le vrai mode pour parvenir au but; la force est inutile : elle serait destruc-tive ou totalement inerte ; la surveillance tue-rait la chose même. Imitons les Anglais, jamais on a fait aucune demande au com-merce sans le consulter ; ce n'est pas un im-pôt qu'on exige, c'est un don qu'on sollicite ; voilà le vrai motif de l'exécution facile des lois qui semblent le plus contraires à l'esprit de liberté dont ce peuple paraît animé; ce ne sont pas les membres du parlement qui font les pro-jets de lois sur ces espèces d'impôts, ce sont les commerçants eux-mêmes, consultés par les ministres, qui n'offrent aux chambres que le résultat de leur conférence ; l'impôt est con-senti d'avance par ceux qu'il doit principale-ment atteindre, avant d'être proposé. Le com-merce de France, consulté par la chambre de 1815 sur les nouveaux impôts projetés, prouva jusqu'à l'évidence, que ces impositions étaient le tombeau de l'industrie; après une discussion longue et très lumineuse, le commerce offrit, pour les remplacer, cinquante millions; pour répartir et recouvrer une pareille somme, il demanda des corporations; les ministres, sous des prétextes insignifiants, les rejetèrent. Je n'entrerai point dans les motifs de refus, ils m'ont paru si futiles, si peu raisonnés, qu'on ne pourrait y croire.

. D'après tous les calculs les plus aproximatifs en apparence, on compte que le produit industriel doit donner au moins un milliard 200 millions; on peut estimer le bénéfice à 400 millions : ainsi le commerce pouvait offrir 50 millions, pour éviter les entraves, les vexations qu'auraient suscitées les nouveaux droits; les corporations seules peuvent parvenir à faire une répartition tolérable; il est très facile de les former, de tracer la marche qu'elles doivent suivre; on sait dans chaque département, dans chaque commune, combien telle branche d'industrie, soumise aux patentes, fournit au trésor; on peut aisément voir celle qui supporte la plus forte partie de l'impôt. D'après ces données, on répartit, au marc le franc, les 50 millions entre chaque département; les chambres, les tribunaux même de commerce peuvent faire ensuite les subdivisions entre les corporations ; chaque corporation juge de l'importance du commerce de chacun de ses membres, rectifie par-là les abus, les injustices des patentes, et forme la répartition des demandes ; cependant l'envie, la jalousie dans le commerce se cachent souvent sous le masque de l'émulation, c'est-à-dire qu'il faut combattre pour éviter les injustices ; on peut alors ordonner que les demandes en dégrevement soient portées devant un juri d'équité composé de membres d'autres corporations et d'un tiers de notables ou anciens négociants retirés du commerce, comme parties désintéressées ; tout est classe et corporation dans la nature, disait un de nos princes, pourquoi craindre cette institution qui surveillerait même le commerce, ramènerait la bonne foi, aiderait les malheureux, livrerait les coupables, donnerait les renseignements si difficiles à obtenir, et formerait les premières chaînes du gouvernement vraiment représentatif ?

DES IMPOSITIONS INDIRECTES.

Des Boissons.

Les impôts indirects qui doivent être les moins onéreux, ont constamment, en France,

excité le plus de réclamations. En suivant toujours la marche de Sully , nous devons rechercher la cause de cette haine, de cette aver-
sion qui les rend si difficiles à percevoir et si
peu productifs envers le trésor, proportionnellement à ce qu'ils coûtent au peuple. Jusqu'à
ce jour ces impositions, dont on devait à peine
s'apercevoir, ont été si mal réparties, leur
perception a mis tant d'entraves au commerce,
à la liberté ; elle porte si maladroitement sur
la masse la plus indigente ; elle a été si vexa-
toire, si dispendieuse ; a créé tant de fortunes
subites, inopinées aux dépens du trésor, qu'elle
a excité l'envie, passion aveugle et presque
insurmontable chez le peuple. L'usurpateur
y trouvait moins de ressources pecuniaires
que de moyens de récompenses pour ses partisans ; ce n'était souvent qu'une manière adroite
d'emprunter par les cautionnements aux dépens
du peuple ; il trouvait de l'argent comptant,
faisait payer chèrement les intérêts par les Français, et formait les dotations de ses favoris par
les emplois qu'il leur donnait. Ses agents, en-
hardis par cette espèce d'inamovibilité que
leur accordait leur cautionnement, usaient
indifferemment de tous les moyens pour atteindre leur but. Plus de modération dans la quotité
de l'impôt, plus de justice dans la répartition ,

(48)

plus d'économie dans la perception étoufféraient les clameurs, rendraient supportables ces taxes et augmenteraient leur produit; en finance, la modicité de l'impôt augmente sa recette, le rend moins odieux, moins pesant et plus facile à percevoir; l'impôt absorbe l'impôt, c'est un axiome prouvé par l'expérience; l'Angleterre nous en donne un exemple frappant : la taxe sur le thé avait été portée très haut; elle ne produisait presque rien au trésor : on la réduisit d'un quart, elle fut dans l'année même portée au double de valeur de ce qu'on avait présumé par la première taxe.

La raison en est sensible : la consommation augmenta, la fraude disparut, la rentrée au trésor se réalisa sans contrainte et sans dépense. L'impôt sur les liquides nous a paru d'une répartition extrêmement injuste; c'est le pauvre qui le supporte presque en entier; une bouteille de vin coûte au pauvre le double d'impôt qu'au riche; il en est de même de la bière; pourquoi arracher aux besoins des malheureux jusqu'à l'obole prise sur son nécessaire pour égayer de temps en temps son infortune, ou réparer ses forces épuisées par le travail? et donner au riche indolent plus de moyens de satisfaire sa délicatesse, accumuler sur lui plus de maladies, plus d'infirmités que

ne lui donnent son luxe et son immoralité? pourquoi hâter par l'abondance la vieillesse de nos
sibarites, et précipiter nos indigents dans la
décrépitude par les privations? l'aisance du
peuple est le vrai régulateur de celle des riches:
voilà ce que démontre l'expérience, ce que
pensait Henri-le-Grand, ce qu'exécutait son
ministre; tâchons de l'imiter. On peut faire
l'inventaire des vins, calculer ce qui s'en exporte des pays vignobles dans les pays de
grande culture, laisser libre le produit de la
récolte des premiers, faire payer aux seconds
l'objet de leur délicatesse et de leur superflu ; il est prouvé, d'après l'inventaire des vins
fait en 1806, que la récolte a produit 56 millions
d'hectolitres. On suppose qu'un tiers s'exporte
dans les départements dont il n'est pas la boisson ordinaire ; on peut suivre une gradation
pour les vins les plus fins, qui sont alors un
objet de luxe, destiné nécessairement à la table
du riche, et modérer l'impôt pour les vins de
marchands en détail, qui, dans ces pays là,
deviennent au moins une consommation de suré-
rogation ; mettre les premiers à 7 francs l'hectolitre, les autres à 5 francs. En supposant
même que le tout soit au prix de 5 francs, on
peut obtenir alors une somme, pour les vins
seuls, de 96 millions 530,000 francs, sans faire

4

porter aucune charge forcée au malheureux , tandis que ces impôts indirects, réunis ensemble, ne sont portés cette année que pour 8o millions ; les frais de perception diminueraient sensiblement ; en augmentant en outre le produit réel pour le trésor, l'acquit à caution alors devient seul nécessaire, le paiement ne devrait être fait qu'au lieu de la destination, et soldé par le destinataire ; cette boisson n'étant pas d'une absolue nécessité dans ces pays, il est facile d'en tirer un produit encore plus fort, en exigeant des marchands en détail le dixième de la vente, ce qui se vérifierait aisément par le vide et le plein, comme cela se pratiquait. La taxe de la bière forte et du cidre, dans les départements où cette boisson est en usage, serait encore réduite à 1 franc 5o centimes par hectolitre, et 25 centimes pour la petite bière ou piquette; le fort consommateur gagnerait sur la boisson ordinaire ce qu'il paye de plus sur celle de luxe ou de superflu , et le pauvre pourrait au moins jouir de la boisson en usage dans le pays qu'il habite , et qui est le résultat de son travail et de ses sueurs, ce qui surpasserait la somme fixée dans le budget, serait porté en diminution sur l'impôt du sel , denrée de première nécessité, surtout pour le pauvre ; l'eau-de-vie resterait sujette aux mêmes taxes; la bière, dans les pays vignobles, serait soumise à un impôt triple de celui perçu dans le nord. C'est ainsi qu'en suivant une justice plus exacte dans l'assiette de l'impôt, on le rendrait moins odieux et plus supportable.

Je ne parlerai pas de l'imposition sur les huiles, la taxe mise l'année dernière est un essai peut-être pour arriver à d'autres proscrites d'avance par l'opinion ; elles avaient été présentées à l'usurpateur dans un moment de détresse; il consulta quelques membres du commerce, et les rejeta avec défense de les lui présenter de nouveau.

Les entraves qu'elles mettent au commerce et le peu de produit qu'elles donnent pour le trésor, laissent espérer que plus de connaissance de nos mœurs et de notre industrie les fera également oublier. Je ne crois pas nécessaire de discuter le projet qu'on a cherché à réaliser depuis long-temps , d'imposer un droit de mouture ; il m'a paru si dangereux , si mal calculé, qu'il me suffira, pour l'anéantir à jamais, de prouver qu'il ne produirait pas le tiers de ce qu'on a pu en espérer ; cet impôt, connu dans le pays de Gènes sous la dénomination *della Macina*, est tellement difficile à percevoir, qu'on a été forcé de l'affermer dans chaque endroit à des particuliers différents. D'ailleurs cette imposition convient d'autant moins aux Français, que ce peuple consomme beaucoup plus de pain qu'aucun autre, que le pauvre seul y serait assujetti; les forts consommateurs, profitant des moulins à bras inventés et perfectionnés pendant la guerre, et dont l'usage est déjà très répandu, à moins d'empêcher ce mode de travailler son grain par des visites domiciliaires continuelles, il est évident que les maisons où l'on consomme le plus, comme les fermes, seraient par-là exemptes du droit dont le produit alors deviendrait bien peu de chose, et dont le poids ne serait senti que par l'indigent, qui trouverait même la facilité de moudre chez les propriétaires de ces machines; il faudrait recréer une nouvelle armée de commis, leur paiement absorberait la taxe même; on détruirait également les moulins à vent, qui seraient réduits à rester oisifs.

De l'impôt sur le Sel.

La taxe sur le sel est une des plus anciennes impositions de la France; son époque certaine remonte à 1344; le cardinal de Richelieu disait que les surintendants des finances les plus intelligents égalaient l'impôt du sel levé sur les salines, à celui que les Indes rapportent au roi d'Espagne; il est malheureux qu'une bran-

che de revenu si considérable et si facile à régir, soit si désastreuse pour le peuple ; dans
la crise où nous nous trouvons, il est impossible d'en espérer la suppression, examinons
cependant si en l'améliorant on ne pourrait
pas en alléger le poids, sous le point de vue
de l'utilité publique ; cette denrée, nécessaire
aux hommes et aux animaux domestiques,
mérite toute l'attention du gouvernement ;
le riche comme le pauvre, le commerçant
comme l'agriculteur, réclament les améliorations : elles sont nécessaires, elles sont ur-
gentes.

On peut compter, sans crainte d'erreur, sur
une consommation individuelle de seize livres.

Ainsi la consommation générale de 26 millions
d'habitants de la France, doit être, poids de
marc, de 4 millions 110,000 quintaux.

En déduisant les sels que les salines de l'Est
fournissent à la consommation de 329,000 quintaux, il restera, pour les sels provenant des
marais salants, 3 millions 840,000 quintaux,
ce qui, à raison de trois décimes par kilogramme, ou 15 francs par quintal, poids de
marc, présente un produit brut de 57,600,000
Diminuant pour frais 5,000,000
Il reste un produit net . . . 52,600,000
Au lieu de celui porté au budget 35,000,000
Augmentation de revenu de . . 17,000,000

Cet accroissement ne doit pas contourner au profit du trésor, mais à celui des sujets; la recette portée au budget doit être la même, mais la taxe doit être diminuée de moitié en faveur du peuple; une surveillance active peut donc, en diminuant la fraude, seule cause de cette perte, diminuer cet impôt vraiment désastreux et le rendre au moins plus supportable; c'est ainsi que Sully parvint à réaliser le bonheur des Français au milieu d'une pénurie désespérante; son activité, son désintéressement, son austère intégrité, valurent à l'État plus que le principal des impôts.

On trouvera dans un Mémoire imprimé chez Poulet, quai des Augustins, d'où j'ai extrait ces observations, les moyens possibles de parvenir à ce but; c'est à la sagesse des ministres, que ce calcul doit convaincre, à rechercher ceux qui lui paraîtront les plus convenables pour parvenir à ce but; la quotité élevée de l'impôt est une des causes les plus frappantes de la fraude énorme qui se pratique; le quintal de sel ne vaut réellement que 10 ou 15 sous; il paye 15 francs de droit : quel stimulant, quelle prime pour le fraudeur!

Enfin on peut néanmoins, par la surveillance, récupérer une partie de la somme ci-dessus portée, que la fraude enlève à l'État au détriment du peuple.

On peut encore augmenter la consommation, qui toujours est en raison directe de la faculté et de la facilité de consommer, doubler ainsi le produit de l'impôt par la diminution de l'impôt même.

Je suppose que les 26 millions de Français consomment dix livres de sel; l'impôt, à un sou la livre, donne 13 millions; si d'un côté la modicité de cet impôt anéantit un quart de fraude, que nous supposons être de 17 millions au prix de trois sous la livre, il nous restera, à un sou, un million au moins de bénéfice par la répression de cet abus; si, d'un autre côté, la consommation s'élève à quinze livres au lieu de dix, nous aurons encore cinq livres de plus par individus, qui donnent 6 millions 500,000 fr. qui, joints aux 13 millions, premier produit de l'impôt, portent la totalité à 20 millions 500,000 francs. En supposant qu'on ne puisse perdre actuellement ce qui causerait cette diminution, il faut au moins remédier à cet abus, dont le peuple porte tout le poids par les moyens qu'exigent la quotité, la perception de l'impôt et les localités. Combien l'espoir de diminuer une charge aussi pénible, sans nuire à l'intérêt des gouvernements, ne doit-il pas stimuler l'activité d'un ministre prévoyant.

Dans le cas où la répression de la fraude ne lui parût pas aussi facile, et que ces calculs mêmes fussent susceptibles de réductions ou d'erreurs nuisibles au revenu de l'Etat, pourquoi ne pas rejeter une partie de ces taxes sur des denrées exotiques, d'une nécessité secondaire et d'habitude. Avant la révolution, il s'importait en France 120 millions pesant de sucre et de café ; la consommation en est augmentée ; en la supposant la même, nous sommes habitués depuis vingt-six ans à les payer si cher, que deux décimes de plus la livre ne causeraient aucune privation, et deviendraient en diminution sur une denrée indigène et de première nécessité.

On objectera que l'augmentation de cet impôt formerait une prime pour la fraude ; dans cette hypothèse même, la taxe du sel étant diminuée, la prime des fraudeurs sur cette denrée serait moindre, et compenserait par-là celle du sucre et du café ; quel est l'égoïste assez barbare pour se plaindre de cette augmentation, qui contournerait à la décharge de l'indigent et à la prospérité du commerce et de l'agriculture ?

De l'impôt sur le Tabac.

« Théophile, voyant un vaisseau où il y avait

» des marchandises pour sa femme Théodora,
» le fit brûler : je suis empereur, lui dit-il, et
» vous me faites patron de galère ; en quoi les
» pauvres gens pourront-ils gagner leur vie, si
» nous faisons encore leur métier ? Il aurait pu
» ajouter : qui pourra nous réprimer si nous
» faisons des monopoles ? qui nous obligera de
» remplir nos engagements ? Ce commerce que
» nous faisons, les courtisans voudront le faire ;
» ils seront plus avides et plus injustes que nous;
» le peuple a de la confiance en notre justice,
» il n'en a point en notre opulence : tant d'im-
» pôts qui font sa misère, sont des preuves
» certaines de la nôtre. » (MONTESQUIEU, *Esprit des Lois*, l. 20, ch. XIX.)

Ce qui est prévu par Montesquieu a été parfaitement exécuté par la direction des droits-
réunis et les fraudeurs ; qu'on examine leur
conduite dans l'achat des feuilles de tabac en
Alsace; l'interprétation donnée à la loi pour la
plantation et l'exportation de cette denrée, la
prime que le monopole donne à la fraude, et
l'on verra la prédiction accomplie : voilà où
conduit l'oubli des principes. Comment établir
un système stable de finances sur une pareille
violation de tous les droits?

Sous le rapport de la propriété, de l'agricul-

ture, de l'industrie, du commerce, le monopole du tabac doit être irrévocablement aboli.

Sous le rapport de la propriété, il est évident
que, depuis la découverte de cette plante, les
pays où l'industrie a pu la naturaliser, ont vu
les terres propres à cette culture augmenter
sensiblement de valeur ; ainsi les environs de
Saint-Pol, dans le Pas-de-Calais, présentent
des coteaux, autrefois incultes, devenus les
plus précieux par la faculté que l'on a observée
d'y faire croître du tabac d'une qualité recher-
chée : ces terres ont été achetées, partagées,
louées à un prix proportionné à leur produc-
tion. La vente, les partages, les baux ont suivi
cette estimation ; il est évident que le monopole rejette ces terres dans une valeur presque
nulle, diminue, anéantit la propriété, viole le
principe éternel, conservateur des états, qui
doit la constituer, la protéger, la défendre.

Sous le rapport de l'agriculture, de l'industrie, le monopole du tabac imite ce sauvage
de la Louisiane dont parle Montesquieu, il
coupe l'arbre pour en avoir le fruit; en supposant (ce que nous prouverons être faux) qu'il
n'est pas d'autre moyen d'obtenir de cet impôt la taxe qu'on desire, s'il la procure d'une
part, il la détruit de l'autre : le commerce et
l'agriculture sont les bases de la prospérité des

états. Le monopole du tabac détruit l'un et l'autre ; sous prétexte de faire rentrer au trésor 35 millions, il lui fait perdre sur l'industrie et le commerce une somme plus forte , qu'il ne pourra jamais recouvrer si on persiste dans ce moyen ; la fraude bientôt le prive de cette ressource ; les établissements voisins succéderont aux siens qu'il aura fait perdre ; ainsi la récolte des fruits de l'arbre coupé à la racine, rendue plus facile d'abord , l'en privera désormais pour toujours et sans ressources ; il perdra en impôt foncier , en droit d'enregistrement pour les ventes ou échanges, en droit de douanes ; on aura vexé , ruiné des provinces, des familles entières , mécontenté les sujets les plus fidèles , les plus laborieux ; on les aura forcés de porter leur industrie ailleurs pour une jouissance précaire et momentanée; rendons la liberté à la plantation , la consommation augmentera; toutes les branches d'impositions s'en ressentiront; la France est agricole , encourageons son activité territoriale ; si j'ose m'exprimer ainsi, imitons l'Angleterre : son commerce est ce qu'elle considère le plus; elle laisse fabriquer et défend l'entrée des feuilles; la France, au contraire, pour le bien de son agriculture, doit encourager la plantation, limiter la fabrique : voyous si , en suivant ce moyen naturel, nous obtiendrons un résultat avantageux. En 1810, la culture et la fabrication étaient libres, et le droit d'un franc vingt centimes a donné une recette brute d'environ dix-huit millions ; ce qui prouve la perception intégrale du droit sur une consommation de quinze millions de kilogrammes de tabac, que l'excès du monopole a réduits depuis à neuf millions. En perfectionnant ce premier mode d'impôt, la consommation serait la même ; l'industrie française, forcée de s'exiler chez nos voisins, reviendrait en France et ferait disparaître la fraude.

En portant le droit de vente à deux francs le kilogramme, on obtiendrait.. 30,000,000.

Le droit de licence des fabricants, à dix centimes, donnerait 3,000,000

Celui des débitants, à dix cent. 3,000,000

Le droit d'entrée de trois millions de kilogrammes de feuilles étrangères, à deux francs vingt centimes.................... 6,600,000

————————

42,600,000

Les droits que le commerce rapporterait par ses envois, en supposant qu'il ne s'en exporte que pour dix millions ; un com-

Ci-contre. , ... 42,600,000

merce d'un pareil capital rap-
porte, soit par le retour qu'il excite, soit de toute autre manière,
le dixième. 1,000,000
____
                                  43,000,000

Ajoutez à cela l'avantage inappréciable d'é-
teindre une contrebande qui démoralise tous
nos habitants des frontières, d'étouffer les
justes réclamations et plaintes de nos arti-
sans et habitants des campagnes ; le retour
aux principes, aux lois primitives sur la propriété ; le rappel de nos manufactures, de
notre industrie, de nos commerçants ; l'économie dans nos perceptions (1) ; la stabilité
enfin dans notre système de finances, fondé
sur la justice et nos besoins.

Certes, les motifs sont assez puissants pour
porter le gouvernement à abolir pour jamais ce
monopole odieux, injuste et nuisible à nos plus
chers intérêts : la propriété, l'agriculture, l'industrie et le commerce.

____

(1) Les frais de régie et de cautionnements montent à plus
de 6 millions : on peut donc, sur ces articles seuls, obtenir
une économie considérable. Faut-il que le peuple paie, par
son travail, cette foule d'employés qui l'écrasent ?

Du droit d'Enregistrement et du Timbre.

Le droit d'enregistrement a succédé en quelque sorte aux droits féodaux, sauf qu'il s'étend sur toute espèce de contrats, d'actes, de conventions, de mutations ; qu'il se perçoit avec plus d'exactitude, de rigueur, et que la quotité en est beaucoup plus élevée ; ce droit obtient le double but, de procurer un revenu considérable à l'État, et d'assurer la conservation des actes, de leur donner une date certaine ; il a encore l'avantage de réprimer, à quelques égards, l'avidité du fisc, en lui faisant perdre d'un côté ce qu'il voudrait gagner en trop de l'autre ; la moindre surcharge d'impôt ralentit les échanges, diminue le prix des fonds, et prive par-là le gouvernement des droits qui auraient été plus élevés, puisqu'ils suivent le prix des ventes, des héritages qui sont en proportion avec leur revenu que l'impôt diminue : cet impôt est un des plus difficiles à administrer, et dont l'administration néanmoins est la mieux organisée et la mieux remplie ; il est à desirer que la même surveillance continue ; la sévérité devient, à cet égard, d'une nécessité indispensable ; tout dépend des chefs. Comme cette imposition, à laquelle le Français est habitué, est d'un produit considérable, le ministre ne saurait trop la surveiller , pour empêcher les abus faciles à s'y introduire.

C'est surtout à la justice que l'on a observée dans la nomination des emplois, en accordant les grades à l'ancienneté , l'exactitude et l'intelligence, sans avoir trop d'égard à la faveur que l'on doit l'ordre qui règne dans cette partie, tant il est vrai que la justice est le principe de tout bien ; nous sommes loin d'avoir atteint la perfection qu'on desire dans les lois qui concernent cet impôt ; c'est dans cette administration principalement qu'une grande stabilité est nécessaire : on ne doit rien laisser à l'arbitraire ; il faut proscrire avec soin ces arrêtés clandestins qui viennent surprendre la bonne foi du citoyen dans ses déclarations , et lui arrachent une taxe qu'il ignorait devoir : les agents de cette administration doivent éloigner tout esprit de fiscalité, et toujours interpréter l'obscurité de la loi en faveur du débiteur; mais autant l'homme de bonne foi doit trouver de protection, autant celui qui voudra frauduleusement se soustraire , doit être puni de sa réticence : cependant l'amende paraît trop forte; on pourrait, au lieu du double que l'on exige, la réduire au tiers ; il serait avantageux d'ordonner que les baux sous seing-privé soient considérés comme non écrits , lorsqu'ils n'auraient pas été enregistrés à temps ; c'est le moyen de connaître mieux le prix des terres pour l'assiette de l'impôt ; de regarder comme nuls les billets à ordre passés entre le propriétaire et le fermier ; ce mode est employé dans beaucoup de départements ; pour faire croire que les terres sont de nulle valeur, on stipule un prix très bas dans la convention ; on fait souscrire des billets à ordre pour le surplus de la location ; on diminue par-là le prix réel de la chose ; les départements où cet usage est ignoré, sont les victimes de leur loyauté. Il existe, dans les articles qui concernent les successions collatérales, une fiscalité avide, révoltante ; on exige plus qu'une année de revenu des biens qui sont hérités de cette manière ; de sorte que l'héritier pauvre, qui n'a que les fruits de sa succession pour vivre, non-seulement est obligé de souffrir un an , mais même de vendre pour payer dans les six mois, s'il veut éviter l'amende ; il serait juste, dans ce cas, de prolonger le délai de paiement, au moins pour ce qui surpasse l'année de revenu des biens, jusqu'à la seconde échéance ; l'État ne perdrait que peu de temps , et ne paraîtrait pas desirer la spoliation du malheureux , en percevant un droit pour la succession, et un autre pour la vente forcée, que l'héritier est contraint de faire pour subvenir aux taxes.

Ainsi, pour le bien des administrés et du fisc même, il faut que les lois qui concernent cette branche si productive des revenus de l'Etat soient expresses; qu'aucun arrêté ne puisse les interpréter; que toujours la faveur soit pour le débiteur; qu'enfin les agents dédommagent par leur honnêteté, leur justice, leur intégrité, du sacrifice que les lois exigent; qu'ils soient plus administrateurs que fiscaux.

Ce revenu, porté dans le budget à 140 millions avec le domaine, vaut à lui seul cette somme, et la surpasse même; d'après les données que nous avons pu obtenir, il ne peut que s'améliorer par la prospérité de l'agriculture et du commerce, que tout nous porte à croire devoir augmenter avec la paix et la tranquillité intérieure.

La taxe du timbre est encore dans l'enfance; on pourrait, sans vexer les administrés, en tirer un parti plus avantageux, surtout près des tribunaux : les avoués éludent la loi de toute manière.

M. Sabatier a traité cette matière en homme éclairé; il serait bon de le consulter souvent pour graduer le prix du papier servant aux contrats ; il serait le même pour toutes les sommes au-dessous de 3,000 francs ; celles au-dessus paieraient pour le timbre un droit proportionnel modéré : ceux qui achètent ou passent d'autres contrats , sont présumés pouvoir faire ce sacrifice.

Des Douanes.

Si l'impôt foncier a pour but principal la conservation de la propriété même sur laquelle il est assis, et de la tranquillité publique et individuelle qui la rend productive, les douanes ne doivent exister que pour l'encouragement, la conservation du commerce et sa prospérité ; c'est sous cet aspect seul qu'on doit les considérer ; et, quoiqu'elles forment un revenu considérable pour l'Etat, cette considération ne doit être que secondaire dans la formation des lois qui les établissent. C'est seulement là où l'on peut gêner le négociant en faveur du commerce ; tout ce qui peut ralentir notre industrie et notre activité doit être sévèrement proscrit ; il faut néanmoins prendre garde, à force de prohibitions, d'enlever l'émulation par la comparaison des objets : c'est en cela qu'on peut remarquer la sagacité d'un ministre, ami et protecteur du commerce. Il faut se défier des clameurs de l'envie et de l'ignorance, toujours voisines de la paresse. En protégeant nos manufactures, il ne faut pas détruire l'objet d'émulation qui doit stimuler notre industrie. Aucune loi ne doit être portée à cet égard, sans avoir été provoquée par les commerçants et manufacturiers les plus instruits, présentée aux chambres de commerce, discutée par les négociants les plus famés, en présence du ministre même. Nos lois, sur cette matière, s'améliorent tous les jours; nous commençons à profiter des leçons de nos voisins, que nous devons sans cesse étudier. L'expérience force souvent à quelques changements; les progrès ou mutations du commerce y contraignent. On ne doit pas les craindre quand ils sont généralement réclamés, et qu'ils ne sont point le fruit de l'intrigue ou de l'envie, qui prennent le masque de l'émulation. On reproche, avec raison, aux lois fondamentales de la douane, deux vices qui en détruisent les effets : la modicité du salaire des douaniers, qui les porte à prévariquer dans leurs fonctions, ou au moins les décourage; et la facilité autorisée des transactions avec les fraudeurs quand ils sont arrêtés. Un Anglais observateur, à qui je dois ces réflexions, m'assurait que c'était là la véritable cause du résultat peu avantageux de nos douanes, et qu'on ne voyait

5..

qu'en France tant de facilité pour l'introduc-
tion des marchandises prohibées. C'est au directeur à parcourir, par lui-même, la ligne de
douanes, sans être attendu et même sans être
connu; il doit avoir ses espions, ses surveillants,
abandonner les prises aux capteurs, et accorder des primes, des indemnités aux plus cou-
rageux, aux plus surveillants des douaniers; les
encourager par des récompenses même hono-
rifiques. C'est à ces hommes dévoués que nous
devons la prospérité de notre commerce et de
nos manufactures; il ne faut pas que l'indo-
lence, bien dotée, bien honorée, profite de
leurs veilles. Paris ne doit jamais voir entrer
dans ses palais l'argent des prises qui est dû à
la vigilance et au travail des malheureux douaniers, exposés à chaque instant à perdre la vie,
et qui leur appartiennent de droit.

La France, trouvant sur son territoire toutes
les denrées et matières de première nécessité à
la vie et à son commerce, dans toutes les circonstances, sous tous les rapports, indépen-
damment de toute espèce de réclamations,
les productions exotiques doivent venir en décharge d'impôt pour les productions indigènes.
Ainsi, le café, le sucre et autres marchandises
étrangères, doivent entrer en compensation
pour l'impôt avec le sel, le vin et les huiles : c'est

un principe que rien ne peut détruire. Néanmoins on observera la maxime que l'impôt absorbe l'impôt, quand il est porté à une taxe trop élevée, soit en diminuant la consommation, soit en provoquant la fraude.

Le revenu de la douane, porté à 40 millions au budget, est encore un de ceux qui sont le plus susceptibles d'augmentation, et qui peuvent le plus coopérer à la diminution de nos charges intérieures, sans cependant nous priver des objets de consommation les plus nécessaires, et que l'émulation doit donner à meilleur compte, tel que le fer étranger, par exemple, qui est aussi utile aux arts qu'au commerce. La recette des douanes est sujette à beaucoup d'abus : une surveillance sévère, exacte et même rigoureuse doit avoir lieu.

Du Cadastre.

Autant les administrations locales, permanentes et non fiscales, sont nécessaires pour répartir l'impôt, en alléger le poids, améliorer sa recette, autant le cadastre est indispensable pour diriger ses opérations et y mettre la justice la plus approximative possible.

On convient généralement de la nécessité de terminer le cadastre pour parvenir à une bonne répartition de l'impôt; il est constant que, même

en l'augmentant, l'Etat et les sujets y gagne-
raient par ce moyen.

Mais quel mode doit-on suivre dans la confection de cette grande opération ? Le cadastre
parcellaire sera-t-il continué, ou reprendra-t-on
le cadastre en masse ? Si on ne consulte que l'intérêt du trésor et des administrés, la question
sera bientôt décidée ; si, au contraire, on veut
y joindre l'intérêt des employés, la discussion
devient plus difficile : dans le premier cas, le
cadastre en masse doit être seul adopté. Je pro-
fiterai, pour le prouver, d'un Mémoire parfaitement fait sur ce sujet, par M. de Lapie. Il me
suffira, pour ainsi dire, d'en faire l'extrait. Le
cadastre parcellaire est encore une de ces chimères, dont la théorie brillante plaît par sa
perfection : *mais en tout le mieux est l'ennemi
du bien* ; et cet axiôme si vulgaire trouve ici
une parfaite application ; car cette perfectibilité
détruit la chose même qu'on veut perfection-
ner. Quel est le but du cadastre ? De mettre le
plus d'équité possible dans la répartition de
l'impôt pour l'alléger. Quand doit-on atteindre
ce but ? Dans trente ans. Or, les parties parcellaires, cadastrées cette année, devront être re-
commencées en ce moment, si on veut y mettre
l'équité. Ainsi, lorsqu'il sera achevé, il sera
déjà inutile pour les trois quarts par sa vétusté,

et la répartition première aura les mêmes injustices à réparer proportionnellement aux dernières, qu'elle a actuellement pour les parties non cadastrées; les changements ou la diminution des denrées, des locations, tout rendra ce travail inutile alors. Par masse, au contraire, il peut être fait dans quatre ans, et le prix infiniment moindre.

La France contient 52,000,000 d'hectares, 10,000,000 sont cadastrés.

Reste donc 42,000,000 à lever.

Les frais pour les plans parcellaires sont de 2 francs 50 centimes par hectare, et demandent 20 ans encore de travail.

Il n'exige que 70 centimes au plus, et ne durerait que quatre ans par masse; on aurait encore la ressource de faire terminer ensuite le parcellaire par chaque commune, et d'exiger de chaque arpenteur reçu, un travail de cinq ou six communes, pour être maintenu dans leur emploi.

Il me semble, d'après ces données, que l'on trouvera plus étendues et parfaitement développées dans le mémoire précité, qu'on ne doit pas balancer si on veut promptement réparer les injustices et alléger l'impôt.

CHAPITRE II.

Des Dettes de l'Etat.

En suivant le plan présenté à Henri-le-Grand par son ministre, dans des temps plus désastreux encore pour les finances que ceux où nous nous trouvons, nous devons rechercher actuellement le montant des dettes de l'Etat et leur origine.

Ces dettes se divisent en dettes inscrites non-exigibles, portées sur le grand-livre, et connues sous le nom de tiers-consolidé, dont on doit payer les cours; et en dettes non inscrites, non liquidées, appelées vulgairement arriéré. Les premières doivent leur origine aux emprunts faits antérieurement à 1789 par le gouvernement, et aux dettes contractées par les villes et corporations, lesquelles ont été depuis reconnues et renvoyées à l'inscription du grand-livre pour en éluder le paiement.

Les anciennes, réduites à un tiers de leur valeur primitive, soumises encore à une perte assez forte si on voulait vendre leur montant liquidé par la dépréciation où elle se trouve, ces dettes sont, pour la plupart, les débris de la fortune d'une foule de citoyens, que la confiance, les promesses, et quelquefois la force, ont entraînés vers cet abîme.

De l'exactitude à solder la rente de ces capitaux, dépend le crédit, et par conséquent le salut de la France; il est constant que, dans la crise où nous nous trouvons, le remède le plus doux est celui des emprunts, pourvu que la caisse d'amortissement soit constamment aggrégée auprès d'eux, et que le gouvernement soit dans l'impossibilité d'en abuser; c'est ici où le gouvernement vraiment représentatif peut, par la confiance, reproduire la solution du problème financier que nos voisins ont si heureusement trouvé.

En effet, je suppose que le gouvernement ait besoin de 100 millions; au lieu d'exiger cette somme par impôt, il emprunte ce capital; la confiance aide à le trouver, s'il n'a aucun superflu pour verser annuellement un autre capital quelconque dans la caisse d'amortissement, et pour payer les cours de cet emprunt; un impôt de 10 millions, de 15 au plus, suffira pour payer d'abord la rente, que je mets à huit pour cent si l'on veut, et pour absorber ensuite la somme même en moins de quinze ans, par le superflu qui restera sur les cours.

Ainsi, sans surcharger ses sujets, il pourra faire face à ses besoins, et se trouver, au bout de ce laps de temps, dans la position ou il était avant d'emprunter.

Il y a plus, dans un état aussi vaste, aussi populeux que la France, il serait bon même, sans besoin urgent, d'user quelquefois de ce moyen pour donner plus d'activité à la circulation, au commerce, pour créer de nouvelles fortunes, qui augmenteraient l'impôt en créant de nouveaux consommateurs, dont l'argent resterait enfoui, ou alimenterait l'usure.

Mais ce mode, si convenable à l'Angleterre, pays essentiellement spéculateur et commerçant, détruirait la France même si on en abusait; les propriétés seraient avilies, la source des emprunts finirait par tarir; il faut combiner cette manière de former ce système fixe de finances avec nos mœurs, notre industrie; le Français, par ses goûts, par la nature de son sol, doit porter ses vues vers l'agriculture; le commerce doit l'aider, alimenter son activité; mais son génie ne doit pas uniquement se porter vers cette partie qui, chez lui, doit être secondaire; ce qui arriverait cependant, si, comme les Anglais, le jeu de la bourse ou des rentes l'occupait trop sérieusement; ainsi, en usant de cette ressource, gardons-nous d'en abuser ; nécessaire dans le moment actuel, prenons les moyens de l'obtenir. Le crédit seul, en inspirant la confiance, nous fera atteindre ce but ; pour obtenir ce crédit, la caisse d'amortissement doit surtout être indépendante et avoir un fonds libre et certain ; les Anglais, qui la regardent comme l'égide de leur fortune publique et particulière, l'ont dotée de leurs taxes les plus sûres ; nous devons en cela les imiter, si nous voulons obtenir la confiance nécessaire dans les opérations de cette caisse ; la dotation doit-être faite par nos revenus les plus assurés ; l'impôt foncier est le seul qui réunît la certitude de la quotité à celle du paiement ; la recette d'un certain nombre de départements, et surtout des départements les plus riches, les plus commerçants, doit être versée au prorata de la somme qu'on voudrait mettre dans cette caisse ; les receveurs ne traiteraient qu'avec les administrateurs ; on éviterait par-là des frais énormes de négociations qui absorbent une partie de l'impôt, et on donnerait à cette caisse une existence à l'abri de toute inquiétude : c'est l'unique moyen de trouver, par la vente des rentes, les sommes nécessaires pour acquitter une partie de nos dettes envers les alliés et les créanciers de

l'arriéré : c'est surtout vers cette seconde espèce
de dettes que l'on doit porter l'examen le plus
sévère et le plus scrupuleux ; autant notre crédit s'améliorera par l'exactitude du paiement
de la dette inscrite, autant la légèreté dans
l'appréciation de l'arriéré, la faveur, la prodigalité déguisées sous le masque de la justice,
jetteront la défiance et le discrédit sur nos opérations. Comme nous, Sully eut à supporter
les prétentions d'une foule de fournisseurs ;
les demandes exagérées des ligueurs les plus
déhontés, des partisans les plus déclarés de
l'anarchie et du désordre ; leurs fortunes en
tiraient leur origine et son aliment ; il ne crai-
gnit pas leurs menaces ni leurs doléances ; le
bien du peuple l'emporta sur toutes les consi-
dérations : austère, ferme, juste, intrépide,
il sut par sa délicatesse, sa prudente sagacité,
démêler les prétentions trop élevées des uns,
et frapper de terreur, par sa fermeté, la fri-
ponnerie, la fraude, les fausses demandes des
autres ; il les menaça : la crainte d'être dévoilés
les fit entrer en composition avec lui, réduisit leurs demandes exagérées, et parvint à
gagner, pour l'Etat, plus de la moitié des sommes qu'on exigeait. Il avait vu par lui-même
les fortunes colossales des premiers ; n'ignorait

pas qu'elles étaient dues, la plupart, à la spoliation, à l'injustice, au malheur des temps.

L'usurpateur savait user de ce moyen à sa manière ; il voyait qu'on le trompait ; il usait de réciprocité : un décret obscur de dé-chéance venait à son secours quand il en avait besoin, moyen digne de lui, indigne du peuple qu'il gouvernait. Les hommes puissants sa-vaient éluder ces arrêtés de déchéances ; le malheureux, en sous-ordre, en était seul vic-time ; c'est ce qu'il demandait ; ce sont ces moyens machiavéliques qui tuent le crédit ; il faut aborder franchement ses créanciers, ne pas craindre de scruter leurs prétentions, les menacer des tribunaux au cas de fraude et d'usure, et composer enfin avec eux. Je sais que plusieurs, pour obtenir un paiement plus prompt, ont consenti à composer ; mais l'ont-ils fait en faveur du trésor, ou des préposés et solliciteurs ? je l'ignore : c'est au ministre à le vérifier. Je sais aussi qu'on a opposé à des prétentions justes et justifiées, des arrêtés de déchéances obscures, lorsque ces malheureux prouvent que leurs dettes sont très modernes et qu'ils ont constamment réclamé.

Je n'ignore pas que, dénués de ressources, ils ne peuvent se faire entendre qu'à demi-

voix : c'est encore au ministre à les rechercher, à les protéger, ces sommes modiques ;
des sous-ordres sont peu à craindre et faciles
à vérifier : pourquoi ruiner un malheureux
pour enrichir un fripon puissant ? C'est dans
ces examens, ces vérifications, qu'on ne saurait mettre trop de justice, trop de scrupule ,
quand ils atteignent l'homme faible et éloigné du centre de l'intrigue, qui n'a ni protecteur, ni client ; cette dette, selon le rapport du ministre, se porte à 400 millions. Je
suis convaincu qu'un tribunal sévère et juste
la réduirait aisément à la moitié ; et qu'en les
payant comptant, ces hauts et puissants créanciers se croiraient encore trop heureux, et
se trouveraient bien jugés. C'est en ce cas que
les anticipations deviennent utiles et nécessaires ; avec de l'ordre on ne doit pas les craindre ; on peut déléguer sur les receveurs des
billets qu'ils pourront escompter, ou qu'on
fera escompter aisément : une année de repos
répare ces avances, et le créancier est satis-
fait ; le crédit renaît peu a peu et aplanit tout.
Qu'auraient donc à dire ces hommes qui croient
nous intimider par leurs clameurs? La réduction
des deux tiers d'une fortune bien et dûment
acquise, sans gain, sans spéculations, et dont
souvent ils ont profité eux-mêmes en acqué-

rant à vil prix les débris de l'incendie, se serait - elle entièrement effacée de leur mémoire ? Qu'auraient - ils à dire si on leur faisait subir les mêmes retranchements ? Pourraient-ils crier à l'injustice ? Mais l'Etat doit-il moins à ceux qui l'ont soutenu, avant 1789, dans les guerres, dans les établissemeuts que nécessitait le bonheur de la France, qu'aux partisans de l'anarchie, du despotisme, ou de la folie de la dévastation de l'usurpateur et de ses devanciers ? Qu'ils composent donc s'ils veulent finir plus tôt, qu'ils cessent de crier à l'injustice, ou qu'ils réintègrent les malheureuses victimes du décret qui leur arrache les deux tiers et demi de leur fortune ; qu'ils jettent un coup-d'œil sur ces sujets, que leur fidélité a fait dépouiller de tout, sur les héritiers de ces victimes reconnues innocentes. Que diraient ces créanciers de l'arriéré de l'interrègne, si l'on usait envers eux de représailles (1) ? Mais jetons un voile sur ces vérités:

____

(1) Des confiscations ont paru si odieuses , que le gouvernement a cru devoir insérer un article exprès dans la loi fondamentale pour les proscrire à jamais , présumant néanmoins que la tranquillité publique voulait qu'on maintînt celles exercées sur les émigrés ; que les partages exigés du vivant même de leurs ascendants , qui les privaient de la jouissance de leurs propriétés avant même qu'elles soient acquises à ces héritiers

les dettes reconnues, appréciées, on doit les
payer ; et si on les range au nombre des créanciers inscrits, leurs inscriptions doivent égaler

---

proscrits ; et que la vente , faite à vil prix , des biens des victimes reconnues innocentes , restassent incommutables entre
les mains de leurs acquéreurs, il a cru également ne pas devoir
revenir sur ces injustes spoliations. L'Irlande, qui s'est trouvée
dans les mêmes circonstances il y a près de deux siècles ,
éprouve encore les suites funestes de ces mesures. Tant qu'il
existera un rejeton des ces familles malheureuses , ces biens
porteront l'empreinte de l'injustice qui avilit leur valeur : c'est
l'unique source des dissensions qui peuvent encore exister. La
valeur de ces biens est présumée de 3oo,ooo,ooo, provenant de
vingt mille familles à-peu-près, et ils sont divisés en trois millions
d'acquéreurs. Quelle source de richesses , s'ils étaient rendus
à leur valeur !

·Le gouvernement , pour rétablir le calme , a le plus
grand intérêt aux transactions qui peuvent se faire entre
les propriétaires anciens et nouveaux ; on ne saurait trop les
stimuler, les protéger. L'État y gagnerait en rendant à ces propriétés leur valeur primitive. Pourquoi refuser d'insérer dans
les journaux les exemples qu'on doit encourager ? Les frères
Gardel , de la commune de Villers-Plouvin près de Cambrai ,
propriétaires d'un bien d'émigré, viennent non seulement de
le rendre à l'ancien propriétaire, sans aucun paiement, mais ils
ont voulu acquitter eux-mêmes les frais d'enregistrement ; et
ce trait de délicatesse envoyé aux journaux, n'a pu y être insé-
ré. Nous serions trop heureux si ces exemples pouvaient avoir
beaucoup d'imitateurs ; ils ramèneraient l'union et la p robité
parmi nous.

leurs créances, ou doivent leur en laisser même le choix.

Le gouvernement, dans l'administration de ces caisses et la solde de ces dettes, ne doit pas perdre de vue que la disparition du numéraire, en France, peut occasionner une secousse par la diminution du prix des marchandises, et causer un resserrement, une pénurie désastreuse ; le peuple ne peut vivre que par le superflu des possesseurs ; il faut donc leur en procurer ; il faut remplacer ce qui pourra s'écouler. La banque de France peut seule, par ses papiers, réparer cet écoulement ; elle mérite du gouvernement toute protection et encouragement : heureux si la confiance peut inspirer le desir d'établir dans les grandes villes de commerce, des succursales dignes d'elles ; dans tous les cas, il faut l'associer aux travaux de la caisse d'amortissement, mais seulement selon ce qu'elle desirera et voudra, car c'est là où la moindre contrariété peut porter un coup mortel.

CHAPITRE III.

Pour ne pas effrayer d'avance certains lecteurs, je laisse en blanc le titre de ce chapitre ; il me suffira de rappeler en tête le paragraphe 3 de la lettre précitée de Sully à Henri-le-Grand, dont je vais continuer de suivre de point en point les principes.

§. III. « Il faut former un registre bien certain
» de tous les officiers, tant commensaux et
» militaires, que judicature, polices, écritoires
» et finances, avec une spécification de ceux
» qui sont absolument nécessaires, et de ceux
» dont on ne pourrait se passer, afin *de les di-*
» *minuer ensemble leurs gages, droits et*
» *attributions.* »

« La multiplicité des emplois est la marque
» assurée de la décadence prochaine d'un
» Etat. » Vingt-six ans de désordres, de profusions, de dilapidations, ne laissent-ils aucune économie à former ; le règne de l'usurpateur le plus prodigue, du dévastateur le plus fastueux, ne permet-il aucune réforme ? Cette idée répugne à tout homme doué du simple bon sens ; il faut être intéressé encore

à cette prodigalité, pour soutenir un pareil système : parcourons le ressort de tous les ministères; n'oublions jamais que la tyrannie seule doit acheter nécessairement ses créatures, dans la crainte de s'en voir abandonnée; nous allons trouver ces principes suivis et développés dans toutes les institutions de l'usurpateur ; nous en apercevrons aisément la gradation à mesure qu'il voulut gouverner despotiquement; au commencement de son élévation, il débute par isoler tous les pouvoirs pour les acheter plus aisément, paye ses députés pour les réduire au silence, et laisse seulement l'empreinte d'une représentation dans les départements, qu'il caractérise lui-même d'éléments; *des éléments sont créés*, dit-il, en parlant des conseils de département et d'arrondissement; il laisse entrevoir qu'il les développera peu à peu; en attendant il crée des préfets, dote ces emplois avec modération; mais, à peine parvenu au faîte de la puissance, à l'apogée de ses forces, il ne consulte que ses intérêts, ses caprices; sans loi, il augmente les appointements, met tout au plus haut prix; ainsi, députés, préfets, magistrats, tout est acheté aux dépens des peuples vainqueurs et vaincus, et proportionnellement à sa fortune. Revenus à la modération, c'est sous la légitimité, par la légitimité, pour la légitimité que nous devons actuellement revenir également aux principes d'économie, qui peuvent seuls constituer un bon système de lois; nous l'avons suivi dans la représentation nationale, il faut tout calquer sur ce modèle.

Les finances tiennent essentiellement au crédit, le crédit naît de l'économie; si vous voulez l'obtenir, inspirez la confiance dans vos employés, mettez de l'économie dans vos emplois : c'est la route certaine pour parvenir à votre but et rendre les hommes honnêtes; outre l'accroissement des revenus, l'économie favorise les mœurs; la disproportion entre les travaux et les récompenses décourage même l'homme probe et laborieux; par l'envie qu'elle excite, aiguillonne, enhardit l'homme médiocre et intrigant qui spécule sur ces revenus; l'honneur est le plus noble des stimulants, c'est le talent de l'homme en place de savoir en user. On se plaint des sollicitations; le seul moyen de les éviter, est de réduire les emplois à leur valeur, et d'empêcher qu'on ne fonde sa fortune sur leurs produits; il faut apprendre aux hommes à ne compter que sur leur propre vertu. « L'économie, qui fait peur de loin à » la jeunesse, séduite par l'appât de l'exemple » et d'une fausse émulation, est consolante et

» satisfaisante de près, surtout quand elle
» devient de mode ; on ne doit donc rien né-
» gliger à cet égard. Les petites sommes font
» des millions ; le caillou suspendu qui se dé-
» tache et roule du haut d'une montagne de
» neige , forme bientôt une horrible avalan-
» che ; l'œil propice de la nature, d'un regard
» fixe, dissout cette masse énorme qui, s'écou-
» lant en onde salutaire, va fertiliser les
» champs et les vallons. »

Telle est la force de l'économie quand on veut en user avec sagesse, et sans cependant devenir parcimonieux. On craint l'économie, et je soutiens qu'elle seule est la base du bonheur de l'état public et privé ; c'est par elle que Sully régénéra la France ; c'est l'ame du commerce, c'est le type de la morale chez les peuples civilisés : voulez-vous juger presqu'à coup sûr de la moralité d'un individu ? voyez l'ordre établi chez lui : s'il est économe, prudent et sage dans ses dépenses, vous ne le trouverez jamais fripon ; les débauches des femmes, du jeu, de la table, n'entreront pas chez lui ? Est-il prodigue ? vous le verrez souvent libertin. S'il est commerçant, craignez tout, la banqueroute amènera sa ruine, à moins que la fraude ou un luxe énorme ne la diffère à vos dépens.

Jusqu'à ce jour, on a parlé souvent d'économie, de réformes, et néanmoins toutes les ordonnances faites sur ce sujet portent avec elle une indécision, une ambiguité qui amortit leur effet; on détruit, on recrée de suite; on économise d'un côté pour prodiguer d'un autre; ainsi on supprime de malheureux commis, ou crée des sous-secrétaires d'état, qui, à eux seuls, absorbent les gages de soixante agents; on annonce emphatiquement les suppressions des eaux-et-forêts : les exceptions, les faveurs augmentent d'autres charges; on a l'air de soulager le trésor de 20,000 fr. pour le charger plus aisément de 60,000; qu'oppose-t-on enfin jusqu'à présent aux abus généraux ? quelques lois particulières qui ne vont qu'à de minces objets, dont on ne peut espérer que peu, et dont les effets sont bien au-dessous de ce qu'on devait se promettre.

Ce n'est pas ainsi que Sully réformait les abus et portait l'économie partout; les suppressions, les réformes sont attendues tous les jours par les malheureux; disons-le de bonne foi, ce ne sont plus les hommes qu'il faut supprimer, la retraite qu'on leur accorde aggrave les charges publiques; ce sont les dotations qu'il faut diminuer, non par des retenues insignifiantes, mais par un fixe modéré : ces es-

pèces de réformes excitent moins les clameurs et diminuent l'envie, étouffent la cupidité; il est de principe qu'on ne peut augmenter la con-tribution que «lorsque la dépense a essuyé tous
» les retranchements dont elle était susceptible;
» tout ce qui n'est pas employé à la chose
» publique appartient au contribuable; l'im-
» pôt doit strictement suffire au besoin, et
» finir avec lui; la réforme qui s'opère len-
» tement ne s'effectue jamais; elle enracine
» d'avantage les abus; la traîner en longueur
» c'est éveiller l'intérêt privé, c'est lui donner
» le temps de rassembler ses forces et de
» renverser le projet le mieux concerté. Abor-
» dons-les avec franchise; nous commence-
» rons d'abord par le ministère de la jus-
» tice, c'est celui où l'honneur peut plus
» aisément suppléer aux dotations. »

Du Ministère de la Justice.

Ce ministère est porté dans les dépenses de l'Etat pour une somme de 17 millions 470,000 francs; nous ne pouvons que calculer approxi-mativement les réductions; pour procéder avec plus de certitude, nous indiquerons cha-que objet susceptible de réforme; le ministre peut seul, à cet égard, donner avec précision ce qu'elles peuvent produire. Je ne parlerai pas du traitement des ministres eux-mêmes et de leurs bureaux ; ces dépenses sont faites sous leurs yeux, c'est à leur sagesse à savoir les régler ; mais il paraît qu'elles sont susceptibles de retranchement ; je parlerai seulement de la suppression du sous-secrétaire d'Etat, qui, avec le logement et le feu, est un objet de 100,000 francs, ci . . . 100,000 fr.

La première cour du royaume se présente d'abord à nos regards.

Le traitement des conseillers, fixé à 12 mille francs ; celui des présidents et procureurs-généraux, soumis à une réduction proportio-nelle , nous offrent une économie de 150,000 francs, ci . . . . . . 150,000 fr.

Dans notre système d'assemblées administra-tives départementales , la cour des comptes , qui coûte à l'Etat un million , peut être ré-duite au moins de moitié, jusqu'à ce que l'on juge à propos de la supprimer; pour ne pas outrer nos réformes, nous ne les porterons qu'à 300,000 francs , ci . . 300,000 fr.

Les présidents, procureurs – généraux des cours, dont les gages avaient été portés si haut pour s'assurer de leur entière soumission, doi-vent être réduits au double des conseillers. On alléguera en vain la nécessité de la représenta-

tion, la fortune particulière doit, en nous donnant un garant de leur intégrité, suffire à cet
objet; presque tous placés dans des villes de
préfecture, peu de dépense de circonstance
sont à leur charge; plusieurs, parmi eux, et
nous en connaissons, font de ces appointements un objet d'économie, et vivent en pen-
sion, sans même avoir de maison ni de
domestiques; cette économie peut produire
200,000 francs, ci   .   .   200,000 fr.

La réduction de quelques cours trop voisines
l'une de l'autre, feront encore rentrer au trésor une somme de 150,000 fr., ci 150,000 fr.

La réduction des tribunaux de première
instance, sollicitée par la sagesse et l'intérêt
même des justiciables, donnera peu d'économie d'abord; mais l'avantage de présenter
aux justiciables plus de confiance dans les
jugements compense bien ce défaut; en rédui-
sant le nombre de ces tribunaux, il faut augmenter le nombre des juges et leurs appointements; un grand-juge de paix gratuit rempla-
cera dans les villes les tribunaux supprimés;
deux assesseurs, comme l'exigeait la première institution, l'aideraient dans ses jugements pour les causes de peu de valeur;
exempts de faire les descentes sur les lieux,
de procéder aux scellés, aux inventaires, l'hon-

neur qu'on pourrait leur attribuer suppléerait aux appointements.

Ce mode d'augmenter le nombre des juges allégerait les justiciables d'un impôt onéreux, par les déplacements et les frais; les assises pourraient avoir lieu près de chaque tribunal; le président se rendrait dans ces villes, selon les affaires qui se présenteraient; éviterait aux jurés, aux témoins et à l'Etat des dépenses inutiles; c'est une imposition, pour chaque individu soumis au jury, de 400 fr. tous les quinze mois.

La magistrature, dans un gouvernement représentatif, est le premier corps de l'Etat; il ne faut pas l'avilir par le peu de représentation qu'on lui donne; trois juges ne présentent au vulgaire, ni respect ni confiance.

Beaucoup de nos institutions ont été prises chez les Anglais; malheureusement, en les adoptant, nous les avons défigurées; ainsi, les justices de paix, si bienfaisantes dans leurs principes, sont devenues insignifiantes, pour ne rien dire de plus; en les privant des assesseurs qui doivent constamment les accompagner dans les villes, elles sont dégénérées en clubs de chicane; l'économie, en restaurant cette branche si précieuse du pouvoir judiciaire, peut valoir à l'Etat près de 2 millions,

en rendant aux maires et adjoints les apposi-
tions de scellés, dont les frais empêchent le
pauvre de réclamer l'utile protection, et qui,
par-là, livrent les mineurs des campagnes aux
dilapidations des premiers venus : la besogne
des juges de paix, moins onéreuse, pourra,
comme en Angleterre, être gratuite ; il suffira
de la multiplier en partageant les cantons
actuels en quatre, de manière que le rayon
de leur ressort soit au plus d'une lieue, de
leur donner des assesseurs, de permettre la
tenue de leurs séances en leur domicile, de
les dédommager de leurs soins par les honneurs, le respect et la considération dont on
doit les environner ; de leur accorder un gref-
fier pour deux : ce qui est facile en fixant à
des jours différents leurs séances ; de terminer
enfin le code rural, et de leur donner les for-
mules de jugements, des procès-verbaux , de
descentes sur les lieux, de manière à rendre le
travail facile et à portée de l'homme peu ins-
truit dans les matières de droit, que ce tribunal, purement paternel, peut ignorer sans
crainte ; ces changements, je le sais, donneront matière à beaucoup de discussions, éveil-
lées par l'intérêt personnel, si on les soumet
aux chambres ; ces réductions deviennent même
presque impossibles dans ce cas ; mais on ne

doit jamais perdre de vue que la justice, dans une monarchie, émane essentiellement du Roi; ce nouvel ordre de choses doit être le sujet d'une ordonnance, et non la matière des discussions des chambres; il faut que ce règlement dérive immédiatement du trône, et ne passe par aucun autre examen. Ainsi, dans ce ministère seul, sans compter sur les économies que l'œil sévère de Sully eût pu trouver et que nous nous refusons même d'indiquer, tant par le défaut de renseignements positifs, que dans la crainte de ne pas les voir réaliser, et d'effrayer alors inutilement la cupidité des intéressés, nous trouvons la source de 3 millions au moins d'épargnes utiles, même moralement au peuple et à l'Etat. Je ne parle pas de la hausse du budget, qu'on a mise dans ce ministère depuis la restauration, et qu'on doit réduire au taux ancien, ne portant que 15 millions, dont il est impossible de deviner la cause plausible de l'augmentation.

Du Ministère des Finances.

C'est dans le ressort de ce ministère que nous pouvons dire, avec le prince de nos orateurs : « qu'il est temps enfin que des hommes nou- » veaux, élevés sur les ruines des peuples et » peu capables d'être touchés des misères pu-

» bliques dont ils avaient été eux-mêmes les
» auteurs, disparaissent des emplois qui ont
» servi à créer leur fortune au détriment de la
» fortune publique ; et que le don le plus pré-
» cieux que puissent faire les rois à leurs peuples
» c'est de ne confier leur autorité qu'à des
» hommes qui n'en usent que pour les peu-
» ples eux-mêmes. »

La dépense de ce ministère est portée au budget pour 22 millions à-peu-près ; c'est ici où la nécessité des assemblées départèmentales administratives se fait le plus vivement sentir ; j'ai promis la vérité, je ne m'avilirai pas en la dissimulant ; c'est dans ce ministère surtout qu'il faut des hommes qui aient une connaissance parfaite des mœurs, de l'industrie française, du sol de la France, de son produit ; nous ne devons les fautes qui ont attiré sur nous des siècles de malheurs, qu'aux étrangers qu'on a introduits ; ils ont constamment été les précurseurs des révolutions. Je n'ai pas besoin de rappeler ici les ministères de Mazarin, de Law, de Neker ; tous les Français en connaissent les résultats ; il est impossible à un étranger, telle bonne volonté qu'on lui suppose, de réunir les connaissances nécessaires pour établir un bon système de finances ; ils apporteront toujours l'esprit, les préjugés nationaux.

Souvent contraires en tout aux nôtres, ils ne connaîtront ni la valeur de nos propriétés, ni la manière d'en tirer les contributions conformes, analogues à nos goûts, à nos mœurs ; il ne suffit même pas d'être propriétaire français, mais, comme Sully, il faut avoir régi soi-même ses propriétés, s'être approché par-là du peuple pour en connaître les ressources, les besoins et les ménagements qu'exige son bonheur ; c'est par la propriété que nous tenons au système social ; c'est par les ressources que nous tirons de nos propriétés pour nous-mêmes et par nous-mêmes, que nous les rendons utiles à l'Etat et que nous nous y attachons ; que nous recherchons la stabilité, que nous évitons les factions, et que nous nous rejetons toujours vers la légitimité, seul appui, unique garant de notre repos ; il faut d'ailleurs connaître les hommes qu'on administre, et être intéressé soi-même à l'administration par l'amour du sol qui nous a vu naître et qui doit nous recevoir dans son sein.

Une surveillance presque locale devient indispensable dans ce ministère ; cette nécessité de surveiller prouve la nécessité des administrations départementales. Un ministre peut vouloir le bien, mais, pour parvenir à le faire, il faut le pouvoir ; quelle possibilité de l'obtenir dans un aussi grand empire, quand cela dépend d'un seul homme? Je le répéterai à chaque ministère, on ne peut bien administrer que par la surveillance ; on ne peut surveiller que quand on n'est pas surchargé de travail ; l'économie qui peut avoir lieu dans ce ministère est immense, je n'en présenterai qu'une esquisse ; il faut d'abord réduire les frais de négociations qui, aux regards de l'homme juste et éclairé, est un abîme, un chancre qui dévore l'Etat ; on peut obtenir une économie de 4 millions sur cet article ; supprimer la direction des impositions, 3 millions ; anéantir ces primes, ces apurements de comptes, ces gratifications, que je porterai au moins à 2 millions ; faire surveiller la fraude sur le sel, dont l'extinction serait en entier en faveur du peuple, et qui pourait produire une diminution de 17 millions sur cette denrée de première nécessité ; diminuer les appointements des agents, surtout de nos droits-réunis, dont l'état-major, pour me servir de l'expression populaire de Paris, emporte seul un quart de ses recettes ; ces réformes peuvent donner à l'Etat une augmentation de revenu de 4 millions au moins , en adoptant, pour les boissons et le tabac , le mode proposé.

Comparons la solde du malheureux gendarme, du douanier, sans cesse exposés à périr, avec celle de ces heureux sibarites placés dans les droits-réunis ; le simple commis à cheval a 2,400 fr. , et le gendarme n'a que 960 fr., sur lesquels on leur fait encore une retenue pour son équipement ; il est obligé d'avoir l'uniforme, ainsi que le douanier ; les autres, au contraire, ne sont soumis qu'au caprice de la mode, que les appointements leur permettent de suivre avec plus d'exactitude même que nos propriétaires.

Sans entrer dans d'autres détails, ce ministère seul, y compris la suppression du sous-secrétaire d'état, peut aisément donner au trésor un allégement de 10 millions, en lui accordant la plus grande latitude possible dans ses récompenses.

Je me dispenserai de scruter plus avant les dépenses ; je ne veux effrayer personne ; ce labyrinthe, remis sous la direction d'un ministre qui voudrait le parcourir, vaudrait à l'Etat des sommes que je n'oserais calculer ; j'ai indiqué avec franchise ce qu'on peut et doit faire ; c'en est assez pour ceux qui voudront faire le bien.

Du Ministère de l'Intérieur.

Ce ministère, dont les attributions exigent plus de 62 millions, offre moins de réformes dans ses profusions que dans le changement des objets de sa dépendance; la moindre amélioration peut alléger les charges du trésor de plus de 30 millions; je le répète, la formation des assemblées départementales présente, tant pour le peuple que pour le gouvernement, une utilité que le prestige des raisonnements et les allégations des amis de la centralisation ne pourront jamais détruire; l'exemple et la pratique doivent faire céder les vaines clameurs des bureaux, à qui ce mode d'administrer enlève leur funeste influence; en les organisant comme je l'avais proposé l'année dernière, vous dégagez le trésor de toutes les parties administratives, toujours mal dirigées de loin, et par des êtres intéressés à les embrouiller, (toutes ces dépenses sont trop susceptibles d'erreurs et de dilapidations); on obtiendrait le paiement de tous ces objets de détail par les administrés eux-mêmes; des routes, des canaux faits par eux, seraient à leur charge; une taxe, assise avec prudence et modération, viendrait suppléer aux besoins; l'économie, inconnue dans cette administration, rendrait les travaux

7

mieux entendus et moins dispendieux ; quant
aux frais d'administration, ils seraient totalement
supportés par les habitants; les permis de chasse,
les passeports, une rétribution sur les mines,
minières, colombiers, carrières, briqueteries ,
chemins, canaux, domestiques, chevaux de
luxe, chevaux de travail, carrosses, cabriolets,
vaches, porcs, moutons, suppléeraient à ces
dépenses; ces taxes, d'ailleurs, seraient indi-
quées par ces administrations, suivant les localités : l'uniformité des moyens est souvent
plus nuisible qu'on ne pense dans un grand
empire ; le même mode ne convient pas à
toutes les provinces ; il gêne, vexe, excite les
murmures, et devient même presque impossible dans l'exécution.

Ainsi ces dépenses, rejetées sur les administrés, seraient diminuées pour le trésor ; rien
n'empêche dans ce système, de faire concourir
les départements riches au secours des départements moins fortunés ; les impôts, dégagés de
tous ces frais d'administration, donneraient au
gouvernement 20 millions d'épargnes; l'économie qui régnerait dans ces dépenses n'en
surchargerait les administrés que de 10 millons
au plus, perçus d'une manière imperceptible.

La taxe de route, qui ne peserait réellement
que sur ceux à qui elle est utile, dégagerait

encore le gouvernement de cette charge ; les
chemins , les canaux , seraient mieux entretenus et moins onéreux. Le corps des ponts-et-
chaussées, si utile dans ses plans, si dispendieux dans son administration , ne nous pré-
senterait plus cet amalgame d'utilité et de dilapidation ; les entreprises, dirigées par ces administrations locales, seraient mieux concer-
tées , mieux suivies et plus économiques ; cette
économie pour le trésor, de 24 millions, né
serait pas une surcharge de 15 millions pour
les administrés, par le mode paternel d'administration et l'ordre qui y régnerait; les routes,
les canaux au moins seraient réparés.

Enréduisant les préfets à ce qu'ils doivent
être, c'est-à-dire, à n'exercer d'autres pouvoirs
que ceux d'inspection, de surveillance et de
réquisition , leurs traitements, dotés avec un
luxe et une profusion sans exemple, peuvent
être assimilés à ceux des gouverneurs, et
réduits à ce taux.

Ainsi, au lieu d'allouer, comme on le fait
aujourd'hui , 30,000 fr. de traitement, 45,000
fr. de frais de bureaux , 3,000 fr. d'entretien
de meubles, 1500 fr. sur les minières, autant
sur les feuilles publiques, et plus encore sur
d'autres objets que la sagacité du ministre doit
connaître ; en rappelant le texte de la loi de

pluviôse an **VIII**, et dont aucun parmi eux n'avait osé se plaindre alors ; le gouvernement gagnerait encore plus de 3 millions, qui forment le revenu d'un département ; les sous-préfets, dont les dotations sont si minces en comparaison de leurs chefs, peuvent néanmoins, par cet ordre de choses, être réduits dans leurs frais de bureaux, qui n'exigeraient qu'un secrétaire comme les subdélégués. On parlait beaucoup de diminuer le nombre des préfets : c'est, selon moi, une faute grave, que l'on commetterait ; je le répète, ce n'est pas sur les hommes probes que doit tomber la réforme, c'est sur les traitements ; la surveillance et le bonheur des administrés exigent que le nombre des préfets reste le même, et que les dotations seules subissent une réduction.

Du Ministère de la Guerre.

« La manière la plus sûre de dégrader un
» peuple, disait, il y a trente ans, un de nos
» princes, c'est d'altérer ses mœurs constitu-
» tives et de changer son caractère. »

La France, par sa position, son étendue, le génie, les mœurs de ses habitants, est essentiellement militaire ; son existence dépend de l'attitude noble et guerrière qui doit lui attirer le respect des puissances qui l'avoisinent ; la

fertilité de son sol, son commerce, ont toujours excité l'envie ; porté par goût, par préjugés même vers la carrière des armes, le
Français tomberait dans le découragement,
et serait bientôt la proie du premier conqué-
rant, si on parvenait à anéantir cette noble
ardeur, ce dévouement héroïque, qui lui font
mépriser tous les dangers et toutes les privations pour soutenir sa gloire militaire ; le
seul souvenir de ses actions d'éclat lui inspire
un enthousiasme que rien ne peut ralentir.
Si l'on veut que la France soit encore comptée
au nombre des puissances de l'Europe, il faut
que ses armées soient sur un pied respectable ;
la dépense du ministre de la guerre est donc
la première de l'Etat : sans armée, point de
tranquillité intérieure, point d'agriculture,
point de commerce ; le nombre de ses habitants
n'augmentera que pour la rendre plus malheureuse ; les réformes ne peuvent donc être
que très peu considérables ; le temps seul peut
les donner, puisque toutes ces dépenses sont
le résultat des services rendus, des promesses
et des traités faits sous les yeux de l'Europe
entière.

Que l'on considère la solde des militaires,
et l'on rougira d'exiger la moindre diminution ; le soldat Français est le moins payé de

tous les soldats des grandes puissances civilisées de l'Europe ; l'esprit de parti seul a osé provoquer des réformes à cet égard; il est honteux d'entendre le même homme qui, dans la chambre des députés de Napoléon, prodiguait les trésors et le sang des Français pour aider l'usurpateur dans la révolte, votait des sommes énormes pour aller les dissiper à Waterloo, demander que l'on ne puisse opérer aucun changement de garnison de nos régiments, pour économiser la dépense : voudrait-il que la stagnation des troupes leur fît trouver, dans chacune des villes de nos garnisons, une nouvelle Capoue qui, amollissant leur courage dans les plaisirs et le repos, les rendrait le jouet de nos voisins et les soumettrait à leur joug ?

La seule réforme qu'on peut desirer ne peut être faite que dans les fournitures ; elle ne contournerait même pas au bénéfice de l'Etat, mais à celui du soldat, au détriment duquel les opérations lucratives se font ; on pourrait encore exiger, de la part des intendants et sous-intendants de l'armée, des cautionnements qui viendraient au secours de nos besoins présents et coûteraient peu d'intérêts.

La création d'un établissement qui jadis rendit de grands services en conservant à la patrie quelques braves, qu'un faux point d'honneur, un préjugé qui ajoute à la preuve du goût irrésistible des Français pour les armes, à sa délicatesse sur l'honneur, ressusciterait une institution, dis-je, qui donnait à des militaires, hors de service, l'espoir d'être encore utiles, de ramener par leurs conseils des hommes égarés, et de parvenir par-là à obtenir cette récompense qui faisait l'objet de leurs vœux ; le rétablissement des lieutenants des maréchaux de France, peut, par le prix qu'on y mettrait, concourir à l'allégement de nos charges. Ainsi, dix lieutenants qui formeraient dans chaque département deux tribunaux du point d'honneur, donneraient 860 braves, dont l'espoir de la décoration servirait à l'émulation sage de leurs successeurs dans la carrière militaire, et formeraient, en les soumettant à une somme de 20,000 fr., un capital de 17 millions 200,000 fr.

En pensant aux pertes énormes que nous avons à réparer, et qui sont dans l'attribution de ce ministère, nous croyons que les réformes même qu'on pourrait y faire, ne peuvent en aucune manière alléger les charges du trésor ; mais doivent être dirigées vers l'amélioration de notre matériel et la réparation de nos places.

Du Ministère de la Marine.

Ce ministère, dont le budget présente une dépense de 44 millions, loin d'être soumis à des réformes, exige au contraire une dotation beaucoup plus forte; le temps seul peut réparer les pertes énormes que la France a éprouvées dans sa marine; le gouvernement ne saurait donc porter trop vite toutes ses vues vers sa restauration, sans exciter la jalousie de nos rivaux; le commerce exige, l'honneur du nom français ordonne qu'au moins nous puissions nous mettre à l'abri des pirates et des forbans; nos officiers, dans cette partie, ne peuvent acquérir les premières connaissances que par une longue pratique; vingt ans suffisent à peine pour former un lieutenant de vaisseau; si nous ne pouvons en ce moment construire de nouveaux bâtiments, nous pouvons au moins faire usage de ceux qui nous restent pour donner à nos marins cette sage intrépidité, cette habitude de la mer, qu'on n'acquiert que par l'expérience; les voyages de long cours sont donc indispensables? C'est une dépense nécessaire et qui ne coûte que la première mise, puisque le commerce qui en résulte revivifie nos sources financières; toute parcimonie à cet égard devient nuisible, et

contrarie son propre but; d'ailleurs ils sont
nécessaires à l'avancement des arts en alimen-
tant nos manufactures, aux progrès des sciences
en leur fournissant de nouvelles observations
toujours propices; notre commerce, nos arts et
nos études seront nuls, si nous ne pouvons les
exciter, les aiguillonner à l'aide de notre marine;
l'accroissement de notre population exige même
ces moyens de déplacements; ne nous découra-
geons pas, portons sans crainte nos sacri-
fices, nos fonds, vers cette partie essen-
tielle au bonheur, à la tranquillité même de
la France. Si les moyens pécuniaires sont au-
dessous de nos besoins, que l'émulation et l'honneur y suppléent autant que possible; mais ne
négligeons pas dès ce moment de travailler à
réparer au moins la perte de nos marins par
l'instruction théorique et pratique, et le soin
de nos ports, de nos ateliers; formons également nos ouvriers.

Le ministère, s'il veut sincèrement le bonheur de la France, doit porter ses vues constamment vers cet objet, et ne pas exciter de
réformes à ce sujet, mais seulement de la surveillance, de l'ordre; ne pas décourager nos
braves marins, en mettant à leur tête des
hommes qui ignorent jusqu'aux noms les plus
familiers à nos élèves et à nos mousses, et

qui contrarient par leurs bévues et leur ignorance les projets les plus utiles; ce n'est pas
la faveur qui doit être consultée dans le choix ,
c'est le mérite. On peut difficilement se tromper , nos marins ont constamment été devoués
à la légitimité.

De la Police.

On ne peut, sans une espèce de paradoxe ,
accorder à cette administration, sous un gouvernement représentatif , le nom de ministère , c'est un contre-sens que je ne me permettrai pas de faire.

Cette administration est néanmoins nécessaire dans un grand empire , surtout à la suite
de révolutions; mais on doit la placer où elle
doit être et où elle a toujours été, et n'obtenir
dans la hiérarchie qu'un rang secondaire, ce
qui diminuerait la dépense de sa représentation.

Un million est affecté ostensiblement à cette
agence; mais des taxes sur les maisons de jeux
et autres , ajoutent à son budget secret une
somme de 6 millions. Eu supposant que la
somme apparente ne suffise pas, on pourrait
au plus ajouter un million momentanément, le
reste doit être employé à l'embellissement de
la capitale et des bonnes villes du royaume qui

concourent à cette imposition par les établissements qui y sont tolérés; c'est la seule manière supportable qui peut permettre d'avoir
recours à de pareilles taxes, toujours dangereuses , puisque aucune loi ne les autorise et
ne peut les autoriser.

Du Commerce.

Dans l'état de civilisation actuelle , le commerce devient la source première, j'oserai dire
l'unique des finances ; c'est par des spéculations
qu'il peut faire valoir nos fabriques , activer
notre industrie et doubler nos capitaux; le gouvernement est donc essentiellement intéressé
à son agrandissement, et doit prendre tous
les moyens d'y parvenir.

D'après les principes de Colbert, la liberté,
l'encouragement, les récompenses , sont les
seuls stimulants qui peuvent aider à sa prospérité ; nous l'avons déjà dit, nous ne saurions
trop le répéter, la moindre contrainte l'a-
néantit ; loin de le surcharger d'impôts, il faut
au contraire lui faire des avances ; c'est un
fonds qui produit à l'Etat un intérêt qui égale
bientôt son capital; ces avances consistent
moins en argent qu'en crédit; appuyez par des
honneurs, par des récompenses , ces essais,
ces établissements ; attirez sur eux la con-

fiance, honorez par un regard de protection les efforts de leurs inventions, vous verrez ces faibles ressources encouragées, s'agrandir; ces institutions, faibles dans leur naissance, couvriront bientôt de leurs ombres salutaires jusqu'aux moindres productions de notre sol; comme les Anglais, rien ne doit être employé par le gouvernement, par ses agents, qui ne soit l'ouvrage des Français et ne sorte de leurs manufactures; c'est au mépris que les Français faisaient eux-mêmes de leurs ouvrages manufacturés, qu'on doit leur dépréciation; les princes, surtout les grands de l'Etat, doivent se faire un devoir d'améliorer par leur estime les travaux de leurs concitoyens; ils sont les premiers intéressés pour faire valoir les impôts et relever le commerce; un regard de mépris du souverain pour ce qui est étranger, peut agrandir tout-à-coup nos frabriques, améliorer notre industrie, aiguillonner notre activité. C'est ainsi que Colbert vivifiait d'un coup-d'œil les commencements de nos manufactures, et les a élevées au degré où elles sont parvenues depuis; il faut que les préjugés mêmes coopèrent à ces succès; fussent-elles au-dessous de celles des étrangers, l'orgueil national doit les mettre au-dessus, aux dépens même de la vérité. Si les besoins de l'Etat exigent quelques impôts, que les intéressés seuls les répartissent, que les corporations les dirigent, l'Etat y gagnera en capitaux et en frais dont il sera déchargé, et n'entravera aucune opération commerciale dont le secret cause souvent la réussite, que les perquisitions les plus légères troubleraient, feraient échouer. Une institution qu'on semble oublier, et qui cependant a été la cause de la restauration de notre commerce, détruit par l'anarchie et la terreur, doit, sous la légitimité, se relever encore avec plus d'éclat.

L'exposition des produits de l'industrie française, les prix accordés à ceux qui paraissaient réunir le plus d'avantages pour les Français, doivent être rétablis au moins tous les trois ans, et former pendant quatre mois la foire de la capitale du royaume. Outre l'émulation qu'inspirerait cette institution, bien suivie et bien dirigée, le concours des étrangers que cette foire attirerait à Paris, les dépenses qu'elle occasionnerait; les traites, les ventes et reventes qu'elle produirait, sont des avantages incalculables; mais il faudrait lui donner toute la pompe, tant par le local que par les fêtes, les jeux qui l'environneraient, et que mérite un concours aussi solennel. La France, par le goût qui lui attire les regards de l'Europe, reprendrait peu à peu son ascendant sur les autres peuples, et réparerait ses pertes.

Les arts, compagnons inséparables du commerce, méritent également une part dans les encouragements, dans les honneurs; c'est à eux que nous devons les progrès du nôtre; rien ne doit être négligé pour les faire fleurir; tout ce qui tient au bonheur de notre patrie mérite les regards des souverains, qui peuvent si facilement tout vivifier; la littérature ainsi que les arts influent également sur sa prospérité; c'est principalement à notre littérature que nous devons cette prépondérance que nous exercerons toujours sur l'Europe en matière de goût; c'est notre littérature qui nous a donné cette urbanité qui nous distingue de tous les peuples.

Deux établissements qui n'ont été qu'esquissés maladroitement, doivent recevoir leur perfection de la légitimité.

Les prix décennaux doivent revivre sous son empire; mais, pour donner plus de stabilité à ce puissant mobile d'émulation, il faut qu'ils soient fondés sur une dotation certaine et décernés d'après une loi sage et prudente; qu'ils soient procédé, par un rapport circonstancié fait au souverain par le corps de l'Institut, de l'état des sciences et de leurs progrès pendant cette période de temps, sans préjuger néanmoins de ceux qui doivent remporter l'a-vantage.

Long-temps l'envie, la jalousie a dirigé contre les rangs, les honneurs, la plume de nos écri-vains; pardonnons ce faible, malheureuse-ment attaché à l'humanité; banissons-le en rendant la justice que nous devons au talent; que le premier grade dans la Légion-d'honneur soit d'abord la récompense du premier prix dans chaque genre; que le produit de l'im-primerie royale, dont on a offert 300,000 fr. annuellement, et qu'on ne voit paraître dans aucun budget, devienne une espèce de dédom-magement des veilles consacrées, soit à notre gloire, soit à notre avancement dans les scien-ces; mais, pour stimuler davantage le travail, quatre prix au moins doivent être décernés dans chaque genre et fixés d'après leur utilité; 10,000 fr. seraient pour le premier, pour le second trois, et deux pour les autres.

Ces prix, outre l'émulation qu'ils produi-raient, donneraient un essor à notre commerce de librairie; leur solennité annoncée dans toutes les feuilles publiques, en désignant nos meil-leurs ouvrages, les ferait rechercher; les dis-sertations, soit avant, soit après la proclamation des vainqueurs, occuperaient nos têtes oisives et rendraient le Français moins léger, moins dangereux par les discussions dont il ne peut se passer, et qu'il porte souvent sur des matières qui ne doivent pas l'occuper ; l'étude de nos hommes de lettres, dirigée en quelque sorte par le gouvernement, serait moins futile et plus utile à leur patrie.

Nous devons l'idée du second établissement qui favorise le plus l'élan du génie et semble voter son immortalité, à ce peuple qui sait si grandement récompenser le mérite dans tous les genres; le respect dû aux restes inanimés de ces hommes célèbres, ce préjugé si précieux qui nous rappelle leur souvenir, leur existence à la vue de leur tombeau, sert encore à alimenter ce desir heureux de la célébrité; cet asile des braves doit, dans son temple, renfermer les cendres de nos héros; l'asile des sciences doit également contenir celles des savants qui ont bien mérité de la patrie par leurs travaux et leurs talents; la chapelle de l'Institut, peut, sans frais, être rendue à cette destination; un marbre contiendrait en lettre d'or leur nom, la date de leur mort et le titre qui leur accorde cet honneur; c'est par ces espèces de libéralisme que nous rendrons le repos et le bonheur à la France, et non par ces chimères qui alimentent nos troubles et nos discordes.

C'est à ces institutions, qui ne coûtent au gouvernement qu'un acte de sa volonté, que nous devrons les progrès de son commerce, des sciences, des arts et de l'estime de ses propres rivaux.

C'est à la race de nos rois que nous devons la renaissance des lettres, à trois époques différentes ; la légitimité doit rechercher encore ce nouveau titre à notre reconnaissance.

Résumé.

Dans les circonstances où nous nous trouvons, nous avons besoin du plus grand crédit ; le crédit naît de la confiance, la confiance de la justice et de l'ordre, l'ordre de l'économie, l'économie des réformes : voilà les bases que nous nous sommes efforcé de suivre, et sur lesquelles nous devons asseoir notre budget. Au lieu d'obstruer les ministères par des dépenses centralisées, on peut dégager celui de l'intérieur des frais des ponts-et-chaussées, dont les dépenses autorisées sont bien au-dessous de ce qu'elles devraient être pour atteindre leur objet.

La taxe de route, remise entre les mains des administrations de département,. remplacerait les 22 millions qui y étaient destinés.

Les taxes accordées sur la demande de ces administrations, remplaceraient les 27 millions de frais administratifs.

Ces impositions, par la manière de les percevoir et l'économie des travaux, ne pèseraient pas sur le peuple, pour la valeur ensemble de 20 millions, c'est un allégement au moins de 24 millions; il en est de même du ministère des finances, qui se trouverait débarrassé du travail du cadastre et de la direction des contributions, qu'un bureau de l'administration remplacerait, et d'une grande partie des frais administratifs qui ne paraissent pas au budget, parce qu'ils sont pris sur les impôts mêmes; ainsi l'impôt sur le tabac exige, pour les employés seuls et l'agence, le tiers de sa valeur, et coûte 9 millions à-peu-près, d'une partie de frais de négociation ; celui de la justice, en améliorant ses institutions, produirait également une épargne considérable.

Le ministère de la guerre y gagnerait dans le recrutement les frais des recrues; on ne serait plus tenu à accorder cette masse de rentes qui, par leur multiplicité, nuisent au crédit même.

Depuis la restauration, on a cherché à pallier nos dettes par des emprunts ; ce mode, employé avec succès en Angleterre, peut réussir en France, si on se contente d'en user avec modération et conformément à nos mœurs; comme nous l'avons déjà dit, notre situation est absolument différente ; nous n'avons ni le génie commercial et spéculateur des Anglais, ni la confiance si nécessaire pour attirer les fonds vers cet objet; malgré leur goût pour ce jeu de bourse, et la nécessité même pour eux de placer leur argent dans ces emprunts, ils ont eu la sage prudence de ne pas abuser de ce mode pour supporter les charges énormes dont ils sont accablés; l'incomtaxe est venue à leur secours ; nous avons plus besoin qu'eux de cet auxiliaire qui, onéreux peut-être dans notre position, nous préparera au moins un avenir moins alarmant dans la certitude où nous nous trouvons sur le succès de ces emprunts, sur la renaissance de notre crédit, son affermissement, sa stabilité; il est prudent de n'employer cette ressource qu'avec la plus grande retenue : les intérêts trop élevés que nous sommes forcés d'accorder, le recours que nous sommes obligés d'avoir aux étrangers pour parvenir à notre but, sont de puissants motifs pour ne

8..

pas chercher, dans ce plan financier, l'unique remède à notre position. Necker usa de ce moyen pendant la guerre ; il fut contraint pendant la paix de demander des impôts ; les remontrances des parlements prouvent combien ces demandes tardives révoltèrent ; ne commettons pas les mêmes fautes ; il n'est pas un français qui ne connaisse actuellement nos charges, qui ne se porte à y concourir ; dans six ans, nous serons contraints d'y avoir recours, et nous n'exciterons que des murmures. Sully, dans les mêmes circonstances, profita du moyen qui lui fut indiqué, de mettre un sou du franc d'imposition sur la valeur de toutes les marchandises ; mettons cette taxe sur les revenus : en les supposant de 1500 millions, nous trouverons un secours de 75 millions, qui, joints aux autres sommes que nous procureront les réformes d'après la formation de nos établissements administratifs et judiciaires, allégeront nos charges ; les anticipations que nous pouvons obtenir, seulement au prorata du superflu que nous laisseront les revenus après la liquidation de nos dettes, en prolongeant de quelques années la quotité actuelle des impôts et la vente des rentes, serviront au paiement de l'arriéré et à remplir le déficit qui pourrait encore se présenter. Je sais que les spéculateurs les plus riches pourront facilement éviter cet impôt ; sans préjuger un pareil égoïsme de leur part, cette exception qui, au premier aspect, paraît odieuse, n'est pas aussi injuste qu'on le pense : le principe, la cause, le but de l'impôt sont surtout la sûreté des propriétés et leur conservation. L'homme qui ne réclame aucune protection à ce sujet, est moins obligé de s'assujettir aux frais qu'elle exige ; le possesseur inconnu en quelque sorte (puisque la connaissance de sa fortune le soumettrait à la **taxe**) peut, sans réclamer l'assistance de la force, jouir de ses richesses en porte-feuille, et les transporter d'un instant à l'autre ; il n'est pour ainsi dire d'aucune société ; il paye où il se trouve pour la sûreté de sa personne seulement ; et, en ce cas, les frais qu'occasionne une pareille protection, sont peu de chose, puisque, dans cet état, la prudence peut le mettre à l'abri de ce qu'il pourrait craindre : voilà pourquoi, en principe, le peuple doit être soumis à peu d'impositions ; nous devons tout faire pour lui, et rien par lui ; les services qu'il rend à la société par son travail, sont le plus grand tribut qu'on doit en attendre ; le gouvernement représentatif n'est même établi que

pour cela; l'exemple de nos voisins en est
une preuve frappante ; la propriété est le principe agissant , mais il n'agit pas seulement pour
lui, mais surtout pour ceux qui se mettent en
quelque sorte sous sa protection , en l'aidant
de leur force. Ainsi en Angleterre les monuments, les routes, les canaux , tout porte l'empreinte de l'utilité publique et de la bienfaisance envers le peuple. Pour atteindre ce
même but en France, les administrations départementales sont indispensables, outre l'é-
conomie dont chaque ministère nous présente
la nécessité, puisque celui de la justice offre,
par-là la réforme de la chambre des comptes, si
dispendieuse et si onéreuse pour les provinces.

Celui des finances, la réforme de la direction des impôts, qu'un bureau peut suppléer ;
la réforme de dilapidation dans les recettes et
dépenses, les frais de négociations.

Celui de l'intérieur, l'économie dans l'administration provinciale, qui ne serait plus à
charge au trésor ; dans la confection des
routes, canaux, monuments; l'ordre dans les
ventes et la conservation des forêts.

Celui de la guerre, la facilité de recrute-
ments , comme l'étaient ceux de la milice dans
les pays d'Etat; chaque individu payerait,

depuis l'âge de seize jusqu'à trente ans, une cotisation versée dans la caisse des recrues; elle serait double après l'âge de trente ans, s'il n'était pas marié; pour empêcher les mariages prématurés, elle existerait même pour les personnes mariées jusqu'à cet âge; cet argent servirait à acheter les hommes de bonne volonté, et à payer ceux que le sort désignerait dans le cas contraire.

Dans toutes ces économies, ne sont pas encore compris les frais d'administration, dissimulés par la diminution de la recette réelle des impôts, qui ne paraissent au budget que déduction faite de ce qu'ils coûtent à percevoir.

C'est d'après ce principe, que j'établis le budget comme il suit:

1°. La contribution foncière, en y comprenant les centimes additionnels, est fixée pour le moment, à la somme de. . . . . 258,000,000.
Jamais elle ne pourra être augmentée, sous quelque prétexte que ce soit, ni directement ni indirectement; elle sera au contraire diminuée dans quatre ans au plus tard, et réduite à 250,000,000.

258,000,000.

D'autre part. . . . . 2ᵉ58,000,000.

2°. Elle sera constamment séparée, soit sur les rôles, soit sur les bordereaux de toute autre contribution; on ne pourra y annexer aucun centime; la quotité est réglée au cinquième; tout ce qui sera prouvé outrepasser ce taux sera réduit.

3°. l'imposition des portes et fenêtres, y compris les centimes permanents et temporaires , est, pour cette année, portée, comme en 1817, à la somme de . . 25,748,460.

4°. Les habitations de campagne , dont le propriétaire n'est soumis à aucune taxe au-dessus de dix francs, sont exemptes de cet impôt; il sera réparti sur les autres habitations.

5°. L'impôt personnel mobiliaire, y compris les centimes permanents et temporaires, est fixé à la somme de. . . . 54,489,240

Total . . . . 338,237,700.

Des Patentes.

Les patentes sont supprimées.

Le gouvernement accepte l'offre du commerce de payer 50,000,000.

Il sera mis en corporations.

Une loi réglera la manière de les former.

Ces corporations répartiront entre leurs aggrégés, les taxes auxquelles elles seront soumises.

Il sera, à ce sujet, formé un jury d'équité, pris parmi les commerçants retirés et ceux de différentes corporations, de manière à ce qu'ils ne prononcent que sur des corporations qui leur sont étrangères.

DES IMPOSITIONS INDIRECTES.

De l'impôt sur les Boissons.

L'impôt sur le vin ne sera perçu que dans le département où il n'a pas été produit; il ne sera payé que par les destinataires; chaque mutation exigera un acquit à caution.

Dans les départements où il ne forme pas la boisson ordinaire, l'impôt sera au moins de sept francs pour les vins recherchés, et de

cinq francs pour les vins ordinaires, par hectolitre.

Il pourra, dans ces pays seuls, être soumis à
une taxe de vente en détail.

L'eau-de-vie restera soumise aux mêmes
droits qu'on perçoit actuellement.

Il sera fortement surveillé à ce qu'ils ne soient
pas mélangés par les débitants.

Des essais seront conservés pour servir de
comparaison lors des visites des agents des
droits-réunis.

La ligne des départements ci-dessous men-
tionnés, sera fixée par une ordonnance.

La bière, dans les pays où elle forme la
boisson ordinaire, sera taxée à 1 franc 50 centimes l'hectolitre, pour la forte, à 25 centimes
pour la petite. Dans les autres pays, la taxe
sera de 3 francs.

Pour cette année seulement, l'impôt sera porté
au budget pour 86 millions, ci. . . 86,000,000.

Les réformes dans le nombre des agents et
dans leurs appointements, feront nécessairement augmenter le produit dans les années
suivantes.

On peut compter au moins sur 4 millions
d'économie et d'amélioration.

Un budget particulier de chaque impôt indirect, tant sur les boissons que sur le sel, le tabac, les huiles, etc., etc., sera communiqué aux chambres.

Il contiendra le produit brut de l'impôt, les frais de perception, les moyens d'amélioration dans la recette par les économies, le salaire de chaque classe d'employés.

Chaque directeur est chargé, chacun en ce qui le concerne, de présenter son budget au ministre, qui en donnera la communication exigée.

De l'impôt sur le Sel.

Le gouvernement est invité de pourvoir à la fraude de cette denrée, soit en achetant les salines, soit en employant des moyens de sûreté convenables qui lui ont été offerts.

L'amélioration de cette branche de revenus sera imputée en diminution du prix de la chose même en faveur du peuple.

La taxe ne pourra jamais augmenter ; son produit reste fixé, jusqu'à ce que nos besoins permettent de le diminuer, à 35,000,000.

Les salines de l'Est, à . . . 2,400,000.

De l'impôt sur le Tabac.

L'impôt sur le tabac est porté à 40,000,000.

La diminution sur les frais de régie, sur le paiement des cautionnements, la liberté entière du commerce et de la plantation produiront aisément cette amélioration en suivant le mode indiqué par le commerce de l'Alsace, et repris à l'article qui concerne cette branche de revenus.

L'expérience prouve ce fait, deux ans suffiront pour hausser même ce taux, que le monopole et les dilapidations ont détruit.

De l'Enregistrement et du Timbre.

L'impôt du timbre sera amélioré par de nouveaux tarifs.

Les avoués seront tenus plus spécialement à se conformer à la loi.

On formera des papiers proportionnels au contenu des actes.

Tout ce qui n'excède pas 3000 fr. ne subira aucune augmentation.

Les baux sous seing-privé n'auront aucune valeur s'ils n'ont été enregistrés au moment de leur date.

Tout billet de commerce passé entre le propriétaire et l'occupeur est nul, à moins qu'il n'existe un commerce réel entre eux reconnu par les commerçants.

Les arrangements et transactions passés entre les anciens propriétaires de biens confisqués et les nouveaux, ne seront soumis qu'à un droit fixe d'enregistrement.

Des Douanes.

Le café et le sucre paieront deux sous par livre d'augmentation à la douane.

Le produit de tous ces droits d'entrée sera en conséquence porté au budget à 48,000,000.

Il sera défendu de transiger avec les fraudeurs.

Les prises appartiendront en entier aux douaniers ; leurs appointements seront augmentés ; on leur accordera de l'avancement, des récompenses, et une retraite assurée après un certain nombre d'années de service.

Du Cadastre.

Le cadastre sera terminé en quatre ans et se fera par masse.

Le parcellaire sera fait par les communes ,

qui, presque toutes, ont déjà des plans qui seront remis aux géomètres; ce cadastre particulier sera raccordé avec celui fait en masse.

En attendant qu'il soit terminé, on procédera aux estimations de masse de culture qui peuvent donner une justesse approximative, seule nécessaire dans cette opération.

Il sera fait un fonds plus considérable pour le terminer plus promptement.

Des Dettes de l'Etat et de la Caisse d'Amortissement.

Les cours de rentes, provenant des cinq pour cent consolidés, seront exactement payés.

La banque sera chargée d'en faire la liquidation avec les fonds qui lui seront remis.

Les impôts directs sont spécialement destinés à ces paiements ainsi qu'à la dotation de la caisse d'amortissement.

Les receveurs verseront directement entre les mains des directeurs les fonds nécessaires.

On ne peut leur précompter aucun frais de négociation pour cet objet.

Pour éviter les transports, les fonds des départements resteront pour les paiements à faire dans les lieux où ils sont versés.

Il sera formé une commission pour l'arriéré, composée de quatre membres de la cour des comptes, de quatre conseillers de la cour royale, de quatre conseillers de la cour de cassation, de quatre préfets, de quatre commerçants, du procureur-général desdites cours; ils rendront compte de leur travail tous les trois mois; l'arriéré sera arrêté définitivement dans un an.

Des Réformes.

Le gouvernement sera invité de supprimer le sous-secrétaire d'état; de procéder le plus tôt possible aux réformes; de les porter principalement sur les dotations, en les rappelant au taux de leur création; en remettant à ce taux les préfets, les présidents, procureurs-généraux; de réduire les tribunaux et cours inutiles; de diminuer les frais de négociations, les primes d'apurement de comptes, d'encouragements, ainsi que les appointements des employés par le fisc.

Le budget de chaque ministère, réduit d'abord au taux de 1815, ne serait alloué que pour la somme reconnue nécessaire d'après les nouvelles réformes.

Les ministres, sous leur responsabilité, présenteront chaque année un compte détaillé et séparé de leur ministère, avec le nom et les appointements de chaque employé.

Des Impôts Temporaires.

A dater de l'exercice de 1818, il sera établi, pendant cinq ans, une taxe sur les revenus d'un sou du franc, dit *incomtax*.

Cette imposition est présumée valoir 75,000.000 ; chaque propriétaire d'un revenu quelconque fera sa déclaration devant la municipalité de sa résidence.

Le conseil mettra à chaque article ses observations, qui seront renvoyées pardevant le conseil d'arrondissement, pour y joindre les siennes ; soumises de nouveau au conseil de département qui, conjointement avec le bureau des impôts, statuera définitivement sur la cotisation des individus ; chaque receveur de commune sera tenu d'envoyer la note des impositions, sur une liste alphabétique, des redevables à la municipalité de la résidence du propriétaire des biens soumis à la recette.

Cette liste sera communiquée aux conseils ; l'incomtaxe des propriétaires exploitant par eux-mêmes leurs biens , sera prise d'après un revenu présumé sur la location la plus haute des biens de leur territoire, l'incomtax des revenus des propriétaires étant en quelque sorte un double impôt, puisque déjà les biens qui forment ce revenu soumis à cette taxe, payent l'impôt foncier; que les appointements au contraire des agents du gouvernement ne souffriront plus d'autre réduction; les traitements paieront deux sous du franc, de manière que la retenue sera double de celle des revenus des propriétaires; ainsi 3000 francs donneront 300 francs de retenue.

Cet incomtax est compté pour. .   10,000,000.

La retenue sur les pensions aura lieu , elle sera comptée pour . .   1,200,000.

Cet incomtax ne peut être onéreux; la capitation d'autrefois valait . . . .   22,000,000 le quart de la France en était exempt; dans les autres trois quarts, la moitié des personnes n'y étaient pas soumises; 4 millions 500 mille familles composent la France actuelle; un million au moins pourrait payer une capitation de 100 francs, l'un dans l'autre, ce qui donnerait 100 millions.

Si on préférait user de ce mode ou l'amalgamer avec celui proposé, c'est à la sagesse du ministère à combiner ces manières de liquider nos charges.

Il sera établi dans chaque département un tribunal du point d'honneur.

Dix lieutenants de maréchaux de France le composeront; ils se diviseront en deux sections.

Ils paieront pour entrée 20,000 fr.; l'intérêt à cinq pour cent leur sera alloué; ils auront le même avancement que s'ils étaient au service; ils ne jouiront d'aucun appointement, sauf lorsqu'ils suivront l'armée, où ils rempliront les fonctions de juges militaires en toute matière, et seront conservateurs des droits des soldats et des officiers.

Les intendants, sous-intendants, aspirants, adjoints, élèves, paieront un cautionnement. Chaque fonctionnaire inamovible paiera, à son entrée en fonction, un droit de marc d'or d'une année d'appointement, divisée en trois.

Les fonctionnaires amovibles ne paieront pour ce droit qu'un dixième à la fin de leur première année.

Les officiers ministériels paieront tous un droit de marc d'or.

Le gouvernement, pour le surplus de ses besoins, pourra anticiper sur les années pro-

·chaines , au prorata du superflu que nous laisseront les impôts pendant trois exercices, après nos charges payées.

Les dépenses départementales seront distraites du ministère de l'intérieur, ainsi que les dépenses des ponts-et-chaussées; une taxe de route sera établie pour subvenir à l'entretien desdites routes.

Les voitures de luxe et les chaises de poste paieront double taxe.

La recette, pour éviter tout entrave, s'en fera à chaque entrée des villes et bourgs.

Les cultivateurs qui ne sont pas sur les grandes routes en seront exempts pendant l'été; l'hiver, ils ne paieront qu'au prorata de la distance qu'ils parcoureront sur ces chemins; ces distances seront réglées par l'administration.

Les trottoirs des routes seront également entretenus, de manière à ce qu'ils présentent une voie commode pour les voyageurs à pied; des plantations seront ordonnées le long des chemins et des canaux; le produit de l'exploitation appartiendra à la caisse des routes.

L'administration des départements et les dépenses départementales seront confiées à des administrateurs pris dans le sein des conseils, sous les ordres et la surveillance des préfets.

Une ordonnance particulière organisera ces administrations.

Les frais d'administration et les dépenses départementales seront à la charge des départements et réglés par eux ; ils pourront se prendre sur les ports-d'armes, les passe-ports, dont le produit leur appartiendra.

Il sera établi, pour subvenir aux autres frais, une taxe sur les domestiques, hommes et femmes ; les premiers paieront six francs, les seconds cinq francs.

Les chevaux de luxe seront assujettis également à une imposition de dix francs pour les chevaux de trait, et de douze francs pour les chevaux de selle ; les premiers pouvant être assujettis à un travail utile, les autres étant souvent purement de luxe.

Les carrosses paieront dix francs, les cabriolets huit francs, les char-à-bancs et charrettes de voyage six francs, soit qu'ils servent habituellement ou non, les chevaux de travail.   1 fr.

Les vaches. . . . . 50 c.

Les porcs . . . . 25 c.

Les moutons . . . . 10 c.

Les chiens de chasse et d'agrément   1 fr.

Les louvetiers seuls seront exempts de cette taxe.

Les pigeonniers, dont le produit résulte de celui de toutes les propriétés, doivent être également soumis à l'impôt d'administration, ils paieront 24 fr.

Les mines, minières, fours à chaux, briquetteries, paneteries, tuileries, carrières, seront assujettis à une taxe dévolue à l'administration, réglée par les chambres d'après l'avis des conseils sur le prix de ladite taxe.

Une taxe générale sera versée à un bureau central, pour venir au secours des départements les moins opulents.

Les assemblées départementales jouiront en outre du produit des ventes de la coupe des forêts et bois qui leur seront confiés, et il sera employé à l'amélioration des routes départementales.

De l'Industrie et du Commerce.

Il sera fait au Roi, par les classes de l'Institut, un rapport tous les dix ans, à dater de 1818, sur les progrès de l'industrie, du commerce, des manufactures, des sciences, arts et belles-lettres.

Ce rapport sera imprimé et distribué aux chambres.

» Les prix décennaux seront établis tous les trois ans ; l'exposition des produits de l'industrie française aura lieu dans la capitale d'une manière solennelle.

Cette exposition durera au moins six mois, à commencer au mois de mai.

Les tableaux et sculptures seront exposés également à deux années différentes, pour qu'il se trouve chaque année une exposition.

Les prix seront décernés à ceux qui auront produit les choses les plus avantageuses au commerce et à l'industrie : ce qui aura lieu pendant la session des chambres, afin d'en répandre la connaissance plus sûrement dans tout le royaume.

La chapelle de l'Institut sera rendue au culte, et renfermera les cendres des hommes qui ont illustré la France, soit dans les arts, sciences et belles-lettres, soit par des actions de bienfaisance et d'utilité.

Leur nom sera inscrit en lettres d'or sur un marbre placé dans cette chapelle, ainsi que la cause qui leur fait accorder cet honneur.

Le produit de l'imprimerie royale, estimé valoir 300,000 fr., est irrévocablement et à toujours destiné aux prix décennaux et à l'encouragement de l'industrie et des arts.

Le produit des maisons de jeux et autres sera destiné à l'embellissement de Paris, de manière qu'il soit appliqué principalement aux choses utiles, telles que l'élargissement des rues, les trottoirs, les fontaines, etc., etc.

Un budget secret en rendra compte aux chambres.

Toute imposition, taxe, recette, sous quelque dénomination que ce soit, perçue actuellement par l'autorisation du ministre seul, sans le concours des deux chambres, est, à dater de cette loi, interdite à jamais, sous peine de concussion.

DÉPENSES.

Dette viagère. . . . . 15,400,000 fr.
Pensions civiles, maximum permanent. . . 3,000,000
Excédant de retenue sur les ministères de l'intérieur (y compris 166,500 fr. pour l'université), des finances, de la guerre. . . . 1,066,500
Pensions militaires, soldes de retraite, et pensions aux veuves, maximum permanent. 20,000,000
Excédant temporaire jusqu'aux extinctions prévues par l'article 32, tit. IV de la loi. 51,762,317
Pensions ecclésiastiques extinguibles par décès. 7,400,000
Liste civile. 25,000,000
Famille royale. 9,000,000
Dépenses des ministres de la religion et des établissements ecclésiastiques, payables sur ordonnance du ministre de l'intérieur. . 21,500,000
Pensions comprises dans le traitement actuel des ministres anciennement pensionnés, et dont le fonds doit toujours faire partie de la dépense générale. 7,600,000
Chambre des pairs. 2,000,000
Chambre des députés. 680,000
Ministère de la justice, les réductions faites. 13,400,000
Ministère des affaires étrangères. 6,500,000
Ministère de l'intérieur, défalcation faite des dépenses départementales, des ponts-et-chaussées, et réduction de dotation. . . . 30,000,000
Finances, déduction faite des 3 millions que coûte la direction des impôts indirects. . 10,000,000
Cadastre. 3,000,000
Ministère de la guerre, service général, traitement de réformes. 159,000,000
Demi-soldes. 16,000,000
Secours aux réfugiés. 1,900,000
Ministère de la marine. . . . . . . , ... 44,000,000
Ministère de la police. 1,000,000
Intérêts des cautionnements, réduction faite de ceux sur la régie du tabac, remboursés par la vente des ustensiles et magasins. . 8,400,000
Frais de négociations, réduction faite, en chargeant les receveurs de verser à la caisse d'amortissement et à la banque, pour le paiem. 7,000,000

TOTAL. . . . . 422,008,817 fr.

RECETTES.

Imposition foncière. . . . . , . . , ... 258,000,000 fr.

  des portes et fenètres. 25,748,460

  personnelle et mobilière. 54,489,240

Patentes. 50,000,000

Droits sur les boissons et autres. 86,000,000

  sur le sel. 35,000,000

  sur les salines de l'Est. 2,400,000

  sur le tabac. 40,000,000

  sur les douanes. 48,000,000

Incomtax des revenus. 75,000,000

Incomtax des emplosi. 10,000,000

Retenue sur les pensions. . . . . , . . 1,200,000

Recettes accidentelles. 1,000,000

Coupes de bois. 16,400,000

Abandon fait par le Roi et les princes. 5,000,000

   Total. . . . . 708,237,700 fr.

Total de l'excédant des recettes à porter
au budget de l'extraordinaire. . . . . 285,628,883 fr.

DÉPENSES EXTRAORDINAIRES.

Contribution de guerre. . . . . 140,000,000 fr.
Frais de l'occupation étrangère. 140,000,000
A-compte de la dette flottante. 20,000,000
____

. . . Total. 300,000,000

C'est également à cet article de dépense qu'on doit porter l'établissement du monument expiatoire de Louis XVI et de l'infortunée Marie-Antoinette, reine de France; voté aux yeux de l'Europe, aux acclamations de la France entière, qui réclame cette preuve de son dévouement et de son innocence en quelque sorte, et en expiation de ce crime.

Il tarde de le voir achevé; rien ne doit détourner un instant de sa confection.

Il faut porter au moins un million annuellement pour son achèvement prompt et fastueux, ci. 1,000,000

RECETTES.

Excédant de recette. . . . . .285,628,883 f.

En supposant qu'on rétablît les lieutenants
des maréchaux de France, au nombre de
dix par chaque département, qu'on leur demande 20,000 fr., nous aurons.   17,200,000

Qu'on exige également des intendants et sous-
intendants de l'armée des cautionnements
comme il suit :

35 intendants à 40,000 fr. . . 1,400,000 fr. ⎫
15 sous-intend. de 1ʳᵉ. classe
   à 25,000 fr.   575,000
45 sous-intend. de 2ᵉ. classe,
   à 20,000 fr. . . . .   900,000 ⎬ 4,175,000
60 sous-intend. de 3ᵉ. classe,
   à 15,000 fr.   900,000
60 sous-intend. de 4ᵉ. classe,
   à 10,000 fr. . . . .   600,000 ⎭

On pourrait encore exiger des cautionnements
des directeurs des domaines, qui en ont été
exempts, et dont la fortune assurerait le
paiement, ce qui pourrait les porter au
moins à.   4,000,000

        Total. . . . . 311,003,883 fr.

On observe que ces cautionnements ne peuvent jamais nuire, puisque ces charges sont
purement honoraires ou fiscales ; qu'ils viennent au contraire à la décharge du fardeau des
rentes, déjà très fort, Il en est de même du marc
d'or, qui pourrait encore offrir une somme
annuelle au moins de 600,000 fr., qui serait destinée aux frais mobiliers des cours et tribunaux.

En attendant que les fonds de l'imposition foncière soient spécialement destinés au budget de la dette publique et de l'amortissement, ce que nous croyons préférable, nous laissons les produits nets de l'enregistrement, des domaines et du timbre, des postes et loterie, pour faire ce service de la manière suivante :

Enregistrement, domaines et timbre . . . . 140,000,000.
Postes . . . . 9,000,000.
Loteries . . . . . . 8,000,000.

Total . . . . 157,000,000.

Dettes de l'arriéré inscrites 98,776,645.
Dotation de la caisse d'amortissement. . . . . . 43,600,000.

Total . . . 142,376,645.

Le résidu qui doit se trouver à cause des intérêts de l'arriéré, qui diminuera annuellement, et des améliorations desdits droits d'enregistrement, domaine, sera versé à la caisse d'amortissement, pour augmenter sa dotation et faire le service du reste.

F I N.